COMO CRIAR FILHOS SOCIALMENTE SAUDÁVEIS

STEPHEN NOWICKI, ph.D.

COMO CRIAR FILHOS SOCIALMENTE SAUDÁVEIS

LIÇÕES *da* **COMUNICAÇÃO NÃO VERBAL** *para* **EXPRESSÃO, CONEXÃO** *e* **DESENVOLVIMENTO INFANTIL**

Tradução
Carolina Simmer

1ª edição

Rio de Janeiro | 2025

TÍTULO ORIGINAL
Raising a Socially Successful Child: Teaching
Kids the Nonverbal Language They Need to
Communicate, Connect, and Thrive

TRADUÇÃO
Carolina Simmer

CIP-BRASIL. CATALOGAÇÃO NA PUBLICAÇÃO
SINDICATO NACIONAL DOS EDITORES DE LIVROS, RJ

N863c   Nowicki, Stephen
       Como criar filhos socialmente saudáveis : lições da comunicação não verbal
para expressão, conexão e desenvolvimento infantil / Stephen Nowicki ; tradução Carolina
Simmer. - 1. ed. - Rio de Janeiro : BestSeller, 2025.

       Tradução de: Raising a socially successful child : teaching kids the nonverbal
language they need to communicate, connect, and thrive

       ISBN 978-65-5712-472-7

       1. Educação de crianças. 2. Comunicação não-verbal em crianças.
       3. Comunicação interpessoal em crianças. 4. Interação social em crianças.
       I. Simmer, Carolina. II. Título.

                        CDD: 305.231
25-96393   CDU: 316.472.4-053.2

Meri Gleice Rodrigues de Souza - Bibliotecária - CRB-7/6439

Texto revisado segundo o novo Acordo Ortográfico da Língua Portuguesa.

Copyright © 2024 by Stephen Nowicki.
Copyright da tradução © 2025 by Editora Best Seller Ltda.

Todos os direitos reservados. Proibida a reprodução,
no todo ou em parte, sem autorização prévia por escrito da editora,
sejam quais forem os meios empregados.

Direitos exclusivos de publicação em língua portuguesa para o Brasil
adquiridos pela
Editora Best Seller Ltda.
Rua Argentina, 171, parte, São Cristóvão
Rio de Janeiro, RJ – 20921-380
que se reserva a propriedade literária desta tradução.

Impresso no Brasil

ISBN 978-65-5712-472-7

Seja um leitor preferencial Record.
Cadastre-se e receba informações sobre nossos lançamentos e nossas promoções.

Atendimento e venda direta ao leitor:
sac@record.com.br

Para minha esposa Kaaren cuja vida é um testemunho do significado de força, bondade e coragem

Para minha esposa Kaaren cuja vida é um testemunho do significado de força, bondade e coragem

Sumário

Introdução: Um novo tipo de problema

Parte 1: Comunicação não verbal • 29

Capítulo 1: A linguagem dos relacionamentos   31

Capítulo 2: Os seis tipos de comunicação não verbal   53
Um resumo

Parte 2: A orquestra silenciosa • 67

Capítulo 3: Ritmo   71
O canal não verbal secreto

Capítulo 4: Expressões faciais   95
Sorria, e o mundo vai sorrir com você

Capítulo 5: Espaço pessoal   121
Proximidade tem limite

Capítulo 6: Contato físico   143
Prossiga com atenção

Capítulo 7: Vocalização   167
Você consegue entender o que minhas palavras não dizem?

Capítulo 8: Linguagem corporal   191
O guarda de trânsito no cruzamento

Conclusão   **221**

Agradecimentos   **231**
Notas   **237**

INTRODUÇÃO

Um novo tipo de problema

Para mim, todos que fazem algo para ajudar uma criança
são heróis.

— FRED ROGERS

DURANTE A DÉCADA DE 1990, ME VI PROFUNDAMENTE ENVOLVIDO NA TENTAtiva de solucionar um mistério. Comecei a atender crianças
que enfrentavam dificuldades no convívio social, mas cujos problemas
não tinham causa aparente. Um dos meus pacientes, um menino de
9 anos chamado Greg, era um bom exemplo. Ele parecia estar dentro
do padrão de praticamente todas as formas imagináveis. Greg tirava
notas razoáveis na escola, praticava esportes tão bem quanto a maioria
das crianças de sua idade, gostava de correr e brincar, adorava filmes
de aventura e tinha um cachorro chamado Randy, a quem ensinara
a rolar e a lhe pedir petiscos. A comida favorita do menino era pizza
de muçarela com bastante queijo acompanhada de um refrigerante

COMO CRIAR FILHOS SOCIALMENTE SAUDÁVEIS

Dr. Pepper grande. Greg era neurotípico, isto é, não apresentava qualquer transtorno psicológico de aprendizagem ou de desenvolvimento óbvio. O pai, um contador, e a mãe, que trabalhava meio expediente em um brechó, o amavam e, apesar de desejarem que ele se saísse bem na escola, não queriam pressioná-lo demais. Ele frequentava uma escola pública com boa reputação e tinha professores dedicados, interessados.

Ainda assim, havia algo muito errado. Greg não estava feliz. Ele não tinha amigos e não entendia por quê. Nenhuma das crianças queria correr e brincar ou ir ao cinema com ele, e também não o convidava para comer uma pizza de muçarela com bastante queijo. Ele não queria estar sozinho, mas estava. Tanto os pais quanto os professores ficaram preocupados a ponto de sugerir que Greg passasse por uma avaliação. Foi então que eu e meu colega Marshall Duke entramos na história de Greg, e ele, na nossa.

Começamos a avaliação clínica observando Greg na escola, o local da maioria de suas dificuldades sociais. No parquinho, na hora do recreio, notamos de imediato que ele ficava próximo às brincadeiras das outras crianças, mas jamais se juntava a elas. Enquanto outras entravam e saíam dos grupinhos com facilidade, Greg permanecia pelos cantos, parecendo perdido. Era nítido que queria brincar, mas só conseguia observar, hesitante. Mais tarde, naquele mesmo dia, perguntamos a Greg sobre os colegas de classe.

— Eu gosto de estar com eles. Eu só queria que eles gostassem de estar comigo — disse o menino.

Como pais de crianças na faixa etária de Greg na época, essa resposta nos deixou de coração partido. Como psicólogos, ficamos perplexos. E Greg não era o único paciente passando por uma situação

UM NOVO TIPO DE PROBLEMA

como aquela; na verdade, ele era só mais um. Outra paciente, Lucy, era alvo de provocações dos colegas de classe por motivos que nem os professores nem os pais dela conseguiam entender. Os pais haviam trocado a menina de escola porque suspeitavam que o problema estivesse na instituição anterior, que tinha um perfil de crianças rebeldes e professores desinteressados. Mas Lucy e os pais agora encaravam o fato de que o novo ambiente, com outro grupo de crianças e outro conjunto de professores, não tinha feito diferença. A resposta estava em um lugar diferente.

Greg e os colegas socialmente desconectados não apresentavam quaisquer limitações intelectuais, físicas ou emocionais óbvias. Então, o que faltava a eles? O que estavam fazendo de errado? Eu e meu colega éramos psicólogos clínicos, mas também profundamente versados em método científico e metodologia de pesquisa. Essas duas ferramentas seriam essenciais se quiséssemos solucionar o enigma daquelas crianças que não se encaixavam com as outras.

EM BUSCA DE PISTAS

Como detetives no centro de qualquer bom mistério, não poupamos esforços para encontrar pistas. A primeira chegou por meio de nossa experiência como consultores em programas de escolas públicas para crianças e adolescentes neurodivergentes. Nós sabíamos que crianças com transtornos de desenvolvimento frequentemente tinham dificuldade em contextos sociais, agindo de formas que deixavam os colegas desconfortáveis. Para elas, em 90% das vezes, seus problemas sociais estavam ligados à falta de habilidades de comunicação não verbal, ou seja, todas as maneiras como nos comunicamos sem usar palavras: expressões faciais, linguagem corporal, toque físico, tom de voz, o ritmo da interação e a quantidade de espaço que deixamos entre nós e os outros. Crianças com transtornos de desenvolvimento costumar evitar contato visual prolongado, não conseguem entrar no ritmo de uma conversa e podem fazer mau uso do espaço pessoal e da linguagem corporal. Começamos a nos perguntar se crianças neurotípicas como Greg e Lucy também poderiam ter dificuldade com as habilidades não verbais, tão importantes para fazer e manter amizades.

O sinal seguinte de que a comunicação não verbal seria a causa dos problemas de relacionamento de Greg e Lucy veio das minhas interações com jovens pacientes de psicoterapia. Notei que muitos entravam na sessão com os punhos fechados e uma expressão raivosa, mas, quando eu perguntava por que estavam irritados ou chateados, eles reagiam com surpresa e negavam se sentir dessa maneira. Verbalmente, eles me diziam estar felizes ou tranquilos, porém a linguagem corporal deles contava uma história diferente. No início da minha carreira como psicoterapeuta, estudei com seguidores da escola de Harry Stack Sullivan, o pai da psiquiatria norte-americana. O médico sugeria que crianças e adolescentes que se comunicavam de forma "dissonante" sem perceber — isto é, transmitiam ao mesmo tempo mensagens verbais e não verbais conflitantes — geralmente não conseguiam desenvolver amizades próximas com facilidade. Comecei a me perguntar se a comunicação dissonante poderia ser um fator influente nas dificuldades sociais que eu encontrava em meus jovens pacientes.[1]

Ao mesmo tempo, estava óbvio que aquelas crianças não tinham a menor noção de que sua comunicação não verbal não batia com suas palavras, nem de que isso poderia causar uma má impressão nos outros. Todas essas informações, vindas da observação de diversos pacientes, começaram a se encaixar para formar uma imagem mais clara do motivo pelo qual crianças como Greg e Lucy estavam naquela situação.

JUNTANDO OS PONTOS

Nos anos 1990, quando conheci Greg e Lucy, a comunicação não verbal (no caso de crianças sem transtornos psicológicos, de desenvolvimento ou de aprendizado óbvios) era amplamente considerada uma habilidade inata, algo que elas aprendiam a fazer por instinto, da mesma maneira como aprendiam a engatinhar ou andar.

Além disso, embora a comunicação não verbal seja um assunto que apareça de vez em quando em matérias de jornais ou revistas — por exemplo, como detectar sinais secretos de que alguém gosta de você ou de que a pessoa está mentindo —, o consenso geral era que essa ferramenta não cumpria um papel importante nos relacionamentos sociais. Eu e Marshall, no entanto, chegávamos a uma conclusão bem diferente.

Decidimos conduzir um estudo em que, por meio de testes, avaliamos a capacidade das crianças de identificar emoções em expressões faciais e tons de voz. E, de fato, observamos que, quanto pior elas se saíam nos testes, mais dificuldades tinham para fazer amigos e ter autoconfiança. Em outras palavras, quando as crianças que estudamos conseguiam identificar e interpretar corretamente sinais não verbais em rostos e vozes, apresentavam uma chance muito maior de ter amigos e alcançar sucesso social.

COMO CRIAR FILHOS SOCIALMENTE SAUDÁVEIS

Continuamos estudando a conexão entre habilidades não verbais e sucesso social até publicarmos, em 1992, nossos achados em um livro chamado *Helping the Child Who Doesn't Fit In* [Como ajudar a criança que não se encaixa, em tradução livre], usando nossa pesquisa e nossas observações clínicas para falar sobre as dificuldades de crianças como Greg, Lucy e muitas outras que simplesmente não conseguiam se relacionar bem. Essas crianças queriam muito que os colegas gostassem delas, porém, quanto mais tentavam, mais eram ignoradas. "Elas são como peças de um quebra-cabeça que não se encaixam", escrevemos na época. "São excluídas, sobram, são as últimas a serem escolhidas para os times, ficam sentadas sozinhas no canto do parquinho se perguntando por que ninguém gosta delas. Às vezes, são chamadas de termos que magoam, como 'nerd', 'chato' e 'esquisito'. Em outras ocasiões, são tratadas como se não existissem."[2]

Nós acreditávamos ter descoberto algo importantíssimo — que crianças com dificuldades sociais geralmente também têm dificuldade com a comunicação não verbal. E a imprensa concordava com isso: fomos convidados a explicar nossa teoria para Oprah Winfrey, que dedicou um episódio inteiro de seu programa a apresentar o que havíamos descoberto, e falamos sobre nosso conceito em rede nacional nos programas *Good Morning America* e *The Today Show*. Tempos depois, Daniel Goleman usou a pesquisa em boa parte de seu livro best-seller *Inteligência emocional*.[3] Fomos reconhecidos por essa pesquisa e por contribuições clínicas pela Associação Americana de Psicologia e por escolas nos Estados Unidos. Na Europa (especialmente na Grã--Bretanha) e em outros lugares do mundo, começaram a implementar os tratamentos que recomendávamos para crianças com dificuldades, tendo resultados positivos.

UM NOVO TIPO DE PROBLEMA

O objetivo do livro era alertar pais, professores, fonoaudiólogos, psicólogos e pedagogos de algo em que ninguém pensava muito, mas que poderia ser determinante para que essas crianças obtivessem sucesso no futuro. Aquele era só o começo do que precisávamos saber sobre o papel da comunicação não verbal na vida social das crianças, mas já era alguma coisa.

Nós estávamos cientes de que o mundo mudaria de tal forma que afetaria o modo como as pessoas se conectam e interagem umas com as outras, mas nunca imaginamos que a mudança seria radical a ponto de precisarmos fazer uma revisão abrangente dos métodos e recomendações que propusemos, junto a um novo alerta para pais, professores e todos aqueles que se importam com a capacidade de crianças desenvolverem relacionamentos positivos e saudáveis na infância e na vida adulta. Até agora.

Este livro apresentará atualizações sobre as descobertas mais empolgantes das últimas décadas nas áreas de comunicação não verbal e desenvolvimento de habilidades e mostrará os últimos achados sobre a "linguagem do sucesso social". E oferecerá aos leitores (pais, professores e tutores) um novo método para ajudar as crianças a obterem sucesso nessa área, em um tempo em que ele é mais necessário do que nunca.

CRIANÇAS EM CRISE

Para mim, não resta dúvida de que, quando crianças aprendem essa "linguagem de relacionamentos" não verbal, suas chances de prosperar na vida aumentam. Mas oferecer a elas tal vantagem incrível é mais desafiador nos dias atuais do que foi em qualquer outro momento da história. O cenário das interações humanas mudou drasticamente desde a minha infância. Quando eu era pequeno, podia passar horas a fio desbravando a vizinhança com meus amigos. Todos sabiam meu nome e onde eu morava e me cumprimentavam com sorrisos sempre que me viam. Venho de uma família grande, com avós, tios e primos que viviam entrando e saindo da minha casa, então meus dias eram cheios de rostos, vozes, posturas, gestos, ritmos, além, é claro, do contato físico proporcionado pelo convívio social. Esses estilos distintos de comunicação ofereciam um catálogo incrível de jeitos de demonstrar aos outros como eu me sentia e de identificar como eles se sentiam.

Infelizmente, hoje em dia é bem mais difícil para os pais exporem os filhos a uma variedade tão rica de relacionamentos. Muitos de nós moram longe da família, em ambientes bem mais isolados do que aquele em que eu cresci. Além disso, as telas passaram a dominar nossas rotinas — em todas as idades —, roubando o tempo que as crianças tinham para aprender sobre a intricada dinâmica não verbal dos relacionamentos.

Enquanto escrevo este livro, em 2023, ainda estamos lidando com as consequências de uma pandemia global que abalou a vida das crianças de formas que pareciam inconcebíveis apenas alguns anos atrás. Pais, educadores e grupos que trabalham em prol do bem-estar psicológico dessa faixa etária declararam uma crise de saúde mental, e muitos estão profundamente preocupados com o desenvolvimento social e emocional que essa geração de crianças perdeu para as aulas por Zoom, o uso de máscaras e os períodos prolongados de isolamento. Ainda assim, mesmo antes que a pandemia de covid-19 fechasse as

UM NOVO TIPO DE PROBLEMA

escolas e acabasse com sua vida social, os membros mais jovens da geração mais problemática da história, a geração Z (gen Z), já estavam estressados ao limite.

Há poucas estatísticas sobre a solidão na infância antes do ano 2000, mas agora sabemos que a quantidade de crianças que se sentem isoladas e perdidas aumentou muito durante o século XXI, em parte devido ao aumento do uso de redes sociais, celulares e internet. Embora a maioria de nós tenha momentos esporádicos de tristeza e isolamento, o tipo de solidão crônica que essas crianças vêm sentindo pode ter consequências sociais graves.[4] Falhar repetidamente em criar conexões verdadeiras pode causar ansiedade e até depressão, e ficar obcecado com a ideia de fazer esforços em vão para se conectar com os outros pode gerar frustração, desânimo ou até raiva em relação às pessoas que são vistas como dificultadoras de uma relação.

Em 2021, a primeira pesquisa sobre solidão conduzida nos Estados Unidos revelou que uma quantidade chocante de pessoas de todas as idades se sentia solitária, mesmo antes da pandemia. Os maiores índices foram observados em crianças com idade entre 10 e 12 anos, e mais de uma dentre dez entrevistadas admitiu se sentir sozinha na maior parte do tempo.[5] Não é surpresa que o aumento da solidão seja equivalente ao dos índices de ansiedade e depressão.

De acordo com a Pesquisa de Saúde Infantil nos Estados Unidos, problemas associados à ansiedade foram observados em cerca de três a cada cem crianças (com idade entre 2 e 17 anos) em 2007. Em 2016, essa proporção saltou para sete a cada cem. Embora os níveis de depressão não tenham passado por um aumento tão vertiginoso, a quantidade de crianças que reportaram sintomas cresceu em mais de 50%: de duas a cada cem crianças em 2007 para três a cada cem em 2016.

COMO CRIAR FILHOS SOCIALMENTE SAUDÁVEIS

Como se isso não bastasse, a década entre 2007 e 2016 apresentou um grave aumento no número de crianças diagnosticadas com transtornos de conduta, termo aplicado àquelas que mostram um padrão recorrente de agressão contra outras pessoas, além de violarem seriamente regras e normas sociais em casa, na escola e com colegas. Essas violações podem envolver tudo, desde desobediência até comportamentos ilegais que resultem em detenção. Em comparação a outras crianças, aquelas com transtornos de conduta não apenas são mais propensas a terem dificuldade em conviver com colegas, como também costumam relatar sentimentos de solidão.[6]

Então veio a pandemia, que fez um já grave conjunto de problemas explodir em uma crise generalizada — que provavelmente afetará os jovens por muitos anos no futuro. Em um artigo publicado em 2020 na revista científica *Lancet*, a psicóloga britânica Samantha Brooks e seus colegas descreveram como pandemias passadas deixaram sequelas psicológicas na forma de sintomas de estresse pós-traumático, confusão, raiva, frustração, tédio, ansiedade de separação e sentimentos de incerteza, um padrão que se repete após a pandemia de covid-19.[7] Um artigo de Joan Hope sobre o impacto da pandemia em crianças com deficiência começa com uma mensagem de Suzanne B. Goldberg, secretária-assistente de Educação do então governo Biden, ilustrando como os anos de 2020 e 2021 causaram estresse e tensão em crianças dos Estados Unidos. Publicado em julho de 2021, o relatório "Education in a Pandemic: The Disparate Impacts of COVID-19 on America's Students" [Educação na pandemia: os impactos discrepantes da covid-19 nos estudantes norte-americanos, em tradução livre], citado por Hope, revelou que quase 30% dos pais que participaram de uma pesquisa da Gallup afirmaram ter um filho

UM NOVO TIPO DE PROBLEMA

"enfrentando problemas de saúde emocional ou mental" e 45% citaram a distância dos professores e dos colegas de classe como um "grande desafio". Além disso, educadores, pais e gestores escolares de todo o país continuaram mencionando o bem-estar social e emocional como o grande desafio encarado pelos jovens, especialmente aqueles que estudavam em casa. Enquanto isso, a incidência de ideação suicida também aumentava entre crianças e jovens adultos à medida que as quarentenas e o isolamento social minavam a saudabilidade de muitos alunos. Até aqueles com reações menos severas ainda relatavam um aumento de sentimentos negativos durante a pandemia, assim como muitos pais.[8]

Naquele período, os níveis de ansiedade e depressão em crianças voltaram a dobrar nos Estados Unidos em apenas dois anos, sendo que antes isso havia levado uma década inteira.[9] E a situação não se deu apenas nos Estados Unidos. Em 2022, a Organização Mundial da Saúde relatou que a piora da saúde mental infantil é um fenômeno global, identificando o isolamento social como um possível fator agravante.[10] Em um estudo revelador organizado na China, pesquisadores analisaram um grupo de 2.330 crianças em idade escolar que passaram pouco mais de um mês em quarentena — um período relativamente curto em comparação com o que as crianças norte-americanas toleraram. No fim desse mês, mais de 20% delas, uma a cada cinco, relatava sintomas de ansiedade e depressão.[11]

Durante a pandemia, escutei diversas histórias de crianças que se tornaram distantes, quietas e desanimadas, como se estivessem se transformando em "zumbis", segundo os pais. Uma mãe me disse que não sabia o que fazer, porque, apesar de estar preocupada com o fato de a filha "passar o dia inteiro e boa parte da noite vidrada no

COMO CRIAR FILHOS SOCIALMENTE SAUDÁVEIS

TikTok", as tentativas de limitar o uso do celular fizeram a menina se debulhar em lágrimas e afirmar que se sentia sozinha demais sem a conexão que tinha com os outros por meio do aparelho.

Paralelamente, há evidências de que o estresse causado pela pandemia foi mais intenso para crianças com poucas habilidades sociais.[12] Durante o período, professores não apenas lamentavam a dificuldade de oferecer instruções acadêmicas e sociais adequadas para todos os alunos, mas também se sentiam frustrados por não conseguirem se conectar de forma significativa com as crianças. Em 2022, um pesquisador observou que crianças que voltavam para a escola após quarentenas da covid-19 não se saíam bem em interações sociais como dividir atividades com os outros e fazer amizades, ao mesmo tempo que também sofriam de atrasos na fala e no aprendizado de linguagem.[13] Em uma pesquisa nacional com educadores conduzida pelo EdWeek Research Center, realizada em janeiro de 2022, 39% dos participantes afirmaram que, "em comparação com o período anterior à pandemia, em 2019, as habilidades sociais e os níveis de maturidade emocional" dos alunos em 2022 eram "bem menos avançados". Do total de entrevistados, 41% afirmaram que os alunos estavam "um pouco menos avançados" nessas áreas, e 16% disseram que eram "praticamente iguais" ao perfil geral pré-pandemia.[14]

Exausta, uma professora do Ensino Fundamental com quem conversei relatou ter dificuldade para dormir por saber que não era capaz de oferecer as ferramentas sociais e emocionais de que os alunos mais precisavam durante um período tão difícil. Ainda assim, ela esclareceu que quem tirava seu sono eram as crianças que tinham questões *antes* da pandemia. "Elas são as verdadeiras vítimas desse jeito maluco que tivemos que tentar dar aulas nos últimos dois anos [2021 e 2020].

UM NOVO TIPO DE PROBLEMA

Algumas já tinham dificuldade para encontrar o caminho antes, mas agora acho que se perderam de vez."

Eu também enfrentei esse estresse e essa frustração em minhas aulas. Lido com universitários, a maioria dos quais é membro mais velho da geração Z, mas isso não os exime de sofrimento. Meu medo é que, se nada for feito, crianças mais jovens que tenham apresentado atrasos no desenvolvimento social e emocional acabem enfrentando complicações ainda maiores com tais habilidades ao alcançarem (e ultrapassarem) a idade dos meus alunos.

Quando converso com outros professores, costumo ouvir exemplos daquilo que um deles chamou de "pandemônio pandêmico". Uma colega me contou sobre certa experiência que teve em uma aula presencial, logo após as remotas terminarem. Como sempre fizera, ela dividiu a turma em grupos e pediu que se reunissem em cantos diferentes da sala para trabalharem juntos em um projeto simples, que havia sido explicado cuidadosamente. A primeira coisa esquisita que aconteceu foi... nada. As crianças ficaram em silêncio. Em vez de se reunirem com o próprio grupo fazendo bastante barulho, como ela esperava, elas permaneceram no lugar e tiveram que ser incentivadas a se levantar e se juntar aos colegas. Então, a professora ficou ainda mais surpresa ao perceber que as crianças não tinham a menor ideia de como trabalhar em equipe. Elas brigavam, se atropelavam, reclamavam. Não havia sorrisos e risadas. Viver sob o isolamento e o estresse constantes da pandemia havia tirado daqueles indivíduos a capacidade de gostar de conviver e trabalhar com os colegas de classe.

Porém, embora incidentes como esse tenham se tornado mais comuns e mais frequentes na esteira da pandemia, eles já ocorriam antes dela. O que apenas nos mostra que as máscaras, as aulas por Zoom e as

COMO CRIAR FILHOS SOCIALMENTE SAUDÁVEIS

quarentenas somente pioraram um problema que já existia: *as crianças não estavam aprendendo as habilidades sociais necessárias para prosperar.*

Mesmo antes do isolamento pela covid-19, as crianças do nosso tempo tinham bem menos acesso, em comparação com as gerações anteriores, às situações e interações necessárias para aprender habilidades não verbais, por passarem mais tempo na internet do que no parquinho, conversarem mais por mensagens e grupos virtuais do que durante atividades compartilhadas ou encontros.[15] Apesar de as pesquisas sobre o uso de telas terem focado também em adolescentes, ultimamente tem se dado mais atenção à avaliação de seus efeitos negativos em crianças menores. Em um estudo que acompanhou crianças de 4 anos em sua passagem pelo ensino básico, pesquisadores do laboratório de psicologia de Lars Wichstrøm observaram que, ao chegarem aos 8 anos, as crianças que passavam mais tempo usando telas demonstravam ser menos propensas a ter níveis elevados de inteligência emocional.[16]

Não podemos menosprezar o impacto que a diminuição de interações cara a cara teve no aprendizado da comunicação não verbal. Vejamos os resultados de um estudo conduzido em 2019 por Yalda Uhls, professora do Centro de Acadêmicos e Contadores de Histórias da UCLA, que acompanhou dois grupos de meninas de 12 anos durante uma estadia relativamente breve em um acampamento de verão. Um deles teve permissão para levar o celular para o acampamento; o outro, não. Antes e depois da experiência, os dois grupos fizeram um teste que avaliava sua capacidade de identificar emoções nas expressões faciais de outras pessoas. Uhls observou que, depois de apenas cinco dias, as meninas que deixaram o smartphone em casa *melhoraram muito* sua pontuação, o que não aconteceu com as que levaram celular.

UM NOVO TIPO DE PROBLEMA

Para aprimorar essa habilidade importante, nesse caso, bastou trocar o tempo de tela por tempo de interação com outras pessoas por cinco dias.[17]

Embora não seja realista cortar completamente o acesso dos jovens à tecnologia nesta era digital, precisamos analisar com cuidado que tipos de experiências online e offline facilitam seu desenvolvimento enquanto seres sociais e quais os prejudicam. Ainda há muito que desconhecemos a respeito do efeito das telas nas crianças, mas uma certeza é que *crianças aprendem habilidades não verbais por meio de interações cara a cara com os outros — e são menos capazes de aprendê-las por uma tela.* Quanto menos interações, menos oportunidades para aprender; quanto menos habilidades não verbais tiverem, mais dificuldade enfrentarão para ter sucesso social na infância e ao longo da vida.

UMA ENCRUZILHADA CRUCIAL

Crianças têm como necessidade básica se sentirem conectadas umas com as outras e com os adultos importantes em sua vida. Embora não exista uma única explicação para o grande número de crianças que têm dificuldade em forjar conexões, está claro que um dos fatores mais importantes é a erosão das habilidades de comunicação não verbal — ferramentas necessárias para desenvolver e aprofundar relacionamentos. Para se tornarem socialmente bem-sucedidas, as crianças precisam saber alternar os momentos de fala em uma conversa e fazer contato visual adequado ao ouvir e falar com os outros. Elas precisam saber qual o volume de voz adequado em uma sala de aula ou no parquinho, o quanto podem se aproximar dos colegas sem deixá-los desconfortáveis e

COMO CRIAR FILHOS SOCIALMENTE SAUDÁVEIS

quando podem entrelaçar o braço com um amigo ou colega de classe (e quando não podem). Elas precisam conseguir ter sincronia com os ritmos vocais de outras crianças e identificar as emoções que elas — e os outros — transmitem com expressões faciais e tons de voz. E precisam saber como manter a postura ereta, com os ombros para trás, projetando confiança; como concordar com a cabeça e abrir um sorriso de incentivo quando um amigo estiver falando; como projetar uma expressão amigável, mesmo em momentos em que não estiver interagindo com alguém, além de tantas outras habilidades não verbais cruciais para se conectar e se relacionar.

Infelizmente, hoje nos deparamos com um número cada vez maior de crianças neurotípicas inteligentes, que vão bem na escola, mas cujas habilidades de comunicação não verbal não se desenvolvem como deveriam. E, sem a vantagem dessas habilidades, colocar uma criança em uma sala com outras e esperar que ela faça amizade se torna quase tão impraticável quanto entregar um livro para uma que não sabe ler e esperar que ela compreenda o significado das palavras.

A boa notícia é que a comunicação não verbal pode ser aprendida com qualquer idade. Não se trata de uma habilidade binária — isto é, algo que a criança tem ou não. Ela existe em um espectro, o que significa que não importa seu nível de habilidade atual, sempre é possível melhorar, ainda mais levando em consideração que será necessário desenvolver competências mais avançadas de forma contínua à medida que ela vai envelhecendo e buscando relacionamentos mais maduros. Também não se trata de algo que é tudo ou nada; a maioria das crianças absorve conhecimentos não verbais com mais facilidade do que outras. Por exemplo, algumas podem ter mais talento para interpretar expressões faciais, porém menos para entender emoções

UM NOVO TIPO DE PROBLEMA

transmitidas por tons de voz, e vice-versa. Só porque uma criança pode não ter aprendido tanto quanto deveria quando era mais nova, não significa que ela estará fadada a uma vida inteira de rejeição social e isolamento; significa apenas que precisa de ajuda para alcançar as outras. Também não quer dizer que há algo "errado". Assim como alguém que fica um pouco para trás ao aprender matemática ou a ler pode precisar receber um pouco mais de atenção para acompanhar o ritmo da turma, uma criança que não está no mesmo patamar dos colegas nesse quesito pode facilmente alcançá-los se receber um pouco mais de instrução e orientação.

Pode ser que você nunca tenha cogitado ensinar habilidades não verbais diretamente para seu filho. Como a maioria dos pais, é possível que esteja voltado às habilidades verbais, comemorando quando seu bebê disse a primeira palavra ou formou a primeira frase. Lembro que eu e minha esposa ficamos empolgadíssimos ao registrar a primeira palavra de nosso filho Andy em um diário que ainda temos. Mas ninguém anota a data da primeira ocasião em que um bebê vira a cabeça para olhar na direção da voz de uma pessoa, ou aponta para algo, ou consegue esperar por sua vez ao dividir um brinquedo com outra criança, embora cada uma dessas coisas seja um marco importante no desenvolvimento socioemocional infantil. Na escola, crianças precisam exercitar a escrita, a gramática e aprender a soletrar palavras, recebendo feedback imediato sobre as respostas estarem certas ou erradas, mas precisam aprender as nuances da comunicação não verbal por conta própria, sem o foco que é dado à reluzente supernova que são as palavras faladas. Simplesmente não ensinamos habilidades não verbais da mesma maneira sistemática e formalizada como ensinamos a comunicação verbal; assim, é fácil que haja níveis de desenvolvimento diferentes.

COMO CRIAR FILHOS SOCIALMENTE SAUDÁVEIS

Com a comunicação não verbal passando praticamente despercebida, a maioria dos pais e tutores não tem ideia do quanto podem exercer uma influência poderosa no ensino dessa habilidade às crianças. Como pai, é provável que você tome cuidado excessivo com as palavras que usa e os pensamentos que expressa perto de seus filhos, para que não os repitam na escola ou no parquinho. Mas talvez não pense na linguagem não verbal que usa — ou em como seus filhos podem estar absorvendo e imitando essas formas de expressão —, como falar em tom monocórdico, sentar com a postura curvada ou não assentir e sorrir de forma incentivadora enquanto escuta alguém falar.

Assim como muitos pais atenciosos e amorosos, talvez você nem imagine que o desenvolvimento das habilidades não verbais de seu filho não esteja seguindo o ritmo esperado — ou talvez tenha alguma noção de que ele tem essa dificuldade, mas não saiba o que fazer para ajudar. A boa notícia é que é fácil ensiná-las e aprendê-las; na verdade, pesquisas mostram que, com um pouco de atenção e prática, elas podem ser completamente dominadas.

Como criar filhos socialmente saudáveis: lições da comunicação não verbal para expressão, conexão e desenvolvimento infantil trata dos dois maiores desafios que encaramos para garantir que nossas crianças tenham as habilidades sociais e emocionais de que precisam para se desenvolver: uma cultura cada vez mais virtual, que limita interações cara a cara, e a variedade de consequências causadas por uma pandemia que manteve jovens isolados ou usando máscaras durante alguns dos anos mais importantes de seu desenvolvimento social. Infelizmente, essas duas forças se retroalimentaram, acelerando o declínio não verbal dessa geração. Mesmo que não saibam, pais, tutores e professores no mundo todo se encontram em uma encruzilhada. Este é o momento de tomar uma atitude.

UM NOVO TIPO DE PROBLEMA

Como pai, há muito que você pode fazer para ajudar, porém professores e outros agentes pedagógicos têm um papel igualmente importante em oferecer as experiências corretivas e incentivadoras de que as crianças precisam. Afinal de contas, é nas escolas que as crianças passam a maior parte do dia, interagindo com os colegas sob o olhar atento de professores que podem criar inúmeras oportunidades para o aprendizado social, oferecendo as experiências, a prática e a ajuda necessárias para que aprendam a melhorar a comunicação não verbal.

Em vez de confiar que as crianças aprenderão essas habilidades de forma inevitável e natural, os adultos podem ter um papel crucial e ativo na educação não verbal. Ao longo deste livro, apresentarei dicas e atividades simples que podem ser usadas para ensinar seu filho a melhorar as habilidades não verbais. Elas incluem formas de ensinar a criança a ter respeito pelo espaço pessoal dos outros, a interpretar os sinais emocionais em expressões faciais, a usar o toque de forma apropriada e a entrar no ritmo de alternância das conversas. Fáceis de usar, essas ferramentas de ensino são baseadas em teorias e pesquisas científicas e geram resultados significativos; foram projetadas para serem aplicadas de forma simples e indolor.

Meu objetivo ao escrever este livro é ajudar pais, tutores e educadores a ensinar as crianças a navegar pela tarefa cada vez mais complexa — porém recompensadora — de se relacionar à medida que se aventuram pelo mundo, primeiro nos anos iniciais da vida, depois como adolescentes e jovens adultos. Este livro será um guia para você ajudar seu filho a recuperar as habilidades sociais que talvez tenha perdido durante mais de dois anos vivendo uma pandemia — e a desenvolver as habilidades mais avançadas, necessárias para enfrentar possíveis desafios em anos futuros. Com essa base, seu filho não apenas terá mais chance de sucesso social e emocional na infância e na adolescência como também estará mais preparado para desenvolver relacionamentos significativos e duradouros e ter sucesso no ambiente de trabalho como adulto.

Assim como foi com Greg e Lucy, que misteriosamente não conseguiam fazer amizades, basta apenas um pouco de prática para resolvermos questões problemáticas e melhorar a vida de uma criança. Acredito que este livro ofereça o conhecimento e as ferramentas necessárias para tal e minha missão aqui é fazer com que isso aconteça.

COMUNICAÇÃO NÃO VERBAL

*Uma habilidade que pode ser aprendida
(e que toda criança deve dominar)*

CAPÍTULO 1

A linguagem dos relacionamentos

HÁ ALGUNS ANOS, DEPOIS DE ASSISTIR MINHA PALESTRA SOBRE A IMPORTÂNCIA da comunicação não verbal em um jardim de infância local, uma mãe preocupada veio falar comigo sobre o filho de 4 anos, Jack. Com uma expressão ansiosa, ela explicou que Jack tinha dificuldade em fazer amigos na escola. De acordo com os professores, não era que ele tratasse os colegas de classe com grosseria ou maldade; ele simplesmente parecia irritá-los. Em outra visita à escola, pude observar Jack na companhia dos colegas em vários momentos ao longo do dia. No fim, tive que admitir que ele de fato incomodava as outras crianças. O problema não era algo que ele dizia; na verdade, eram suas interações não verbais. Jack era um "invasor de espaços" inveterado. Ao falar com os colegas, chegava perto demais, se aproximando ainda mais com o tempo. Não demorava muito para estar esbarrando em todo mundo ao redor, sendo ainda mais irritante. Jack nem parecia desconfiar da devastação interpessoal que causava.

Achei que a mãe dele deveria ter a oportunidade de testemunhar o mesmo que eu, então pedi que ela me acompanhasse na próxima visita à escola, para que o observássemos juntos. Como era de se esperar, assim como antes, Jack ia para cima dos colegas, que se afastavam assim que o viam se aproximar ou simplesmente o ignoravam. Enquanto observávamos as interações, expliquei para a mãe do menino que ele parecia não conhecer os limites implícitos que delimitavam o espaço pessoal. Ela confessou que talvez ele não tivesse aprendido essa regra porque era filho único e não tivera muitas oportunidades de interagir com outras crianças antes de entrar para o jardim de infância. Fiz algumas sugestões simples para ajudá-lo a compreender o conceito e passar a respeitar o espaço dos colegas de forma mais consciente. Uma delas envolvia pedir que ele se sentasse em uma cadeira ou ficasse de pé no meio de um círculo feito com fita adesiva no chão, com cerca de 1,20 metro de diâmetro — a distância apropriada para interações sociais. Uma semana depois, quando conversei com a mãe de Jack, ela parecia satisfeita, relatando que o círculo de fita adesiva tinha conseguido tornar os limites espaciais invisíveis mais compreensíveis para Jack. Na verdade, segundo ela, os dois estavam se divertindo muito praticando quanto se aproximar ou se afastar. Ela até convidou o filho do vizinho para participar da brincadeira do "até onde podemos ir". Ao mostrar a Jack seu erro e ensiná-lo como corrigi-lo, o problema logo foi resolvido. Quando retornei à escola duas semanas depois, ele estava bem mais sorridente e se divertia com os colegas de classe.

Todos nós conhecemos crianças como Jack, que simplesmente não conseguem "entender" alguns momentos da vida. Elas querem muito ser queridas pelos outros, porém, quanto mais se esforçam, piores parecem ser os resultados. Na maioria dos casos, seus problemas sociais não são resultado de um transtorno de aprendizado, autismo ou outra questão mais óbvia, mas algo tão básico que é fácil ser ignorado

— elas apenas não tiveram oportunidades suficientes para aprender as habilidades de comunicação não verbal que são essenciais para o sucesso social. Com frequência, presumimos que as crianças mais populares sempre são as mais inteligentes, ou as mais engraçadas, ou as mais bonitas, mas a verdade é que elas simplesmente aprenderam a ter interações mais fáceis e confortáveis.

De vez em quando, nós, psicólogos, nos deparamos com casos de crianças com dificuldades profundas de interpretar os sinais não verbais dos outros e/ou de se expressar não verbalmente devido a eventos genéticos, biológicos ou traumas. Isso pode ser observado com mais clareza em crianças dentro do espectro autista e naquelas que têm algum diagnóstico de transtorno de aprendizagem não verbal. Eu e meu colega Marshall Duke cunhamos um termo para déficits não verbais significativos: *dissemia* ("dis" = dificuldade; "semia" = sinais), que quer dizer uma dificuldade em avaliar sinais não verbais.[1] Contudo, com a abordagem certa e a prática consistente, até os indivíduos com dissemia são capazes de aprender as habilidades não verbais de que precisam para melhorar a qualidade das interações sociais. Isso nos oferece evidências claras de que toda criança, independentemente do nível atual, pode aprimorar o uso e o entendimento da comunicação não verbal, assim como qualquer uma pode se aprimorar em qualquer habilidade, como matemática ou leitura.

Embora a história de Jack tenha tido um final feliz, fiquei me perguntando na época, e ainda me pergunto, o que teria acontecido se não tivéssemos identificado a dificuldade não verbal que impedia o sucesso de suas interações sociais. Como a rejeição reiterada o afetaria emocionalmente com o passar dos meses e anos? Quantas de nossas crianças, assim como Jack, acabam sofrendo uma desconexão social com os colegas por não desenvolverem as habilidades não verbais necessárias para interagir de forma bem-sucedida? E por que, apesar da extrema importância, ainda permitimos que a comunicação não verbal passe despercebida pelo radar social coletivo?

UMA QUESTÃO DE VIDA E MORTE

Desde o instante em que nascemos até nosso último suspiro, formamos relacionamentos com as pessoas que nos cercam. A importância dessas relações não pode ser menosprezada. Como adultos, sabemos que precisamos de conexões profundas para nos sentirmos realizados, apoiados e termos uma base sólida. Por outro lado, quando temos dificuldade em estabelecê-las, não importa o quanto sejamos ricos, inteligentes ou bonitos; nossa vida será mais complicada.

Na verdade, relacionamentos são literalmente uma questão de vida e morte. Várias pesquisas mostram que crianças que têm o bastante para comer e beber, mas não são nutridas com toques, expressões faciais positivas e vozes carinhosas, podem desenvolver o chamado atraso não orgânico do crescimento infantil, ou seja, a falta de estímulos externos priva o cérebro da ativação de que ele precisa para um desenvolvimento social e emocional saudável — as crianças perdem peso e, em casos extremos, podem até morrer.[2] Por outro lado, mais positivo, pesquisas também demonstram que pessoas com relacionamentos melhores são propensas a ter uma vida mais longa e saudável.[3] Um estudo observou que pacientes que passavam por cirurgias no coração tinham três vezes mais chances de sobreviver quando eram casados e felizes com os parceiros.[4] Sir Michael Rutter, o renomado

A LINGUAGEM DOS RELACIONAMENTOS

psiquiatra britânico que estudou a resiliência, observou que, para que crianças com um histórico familiar desafiador tivessem uma vida bem-sucedida, bastava que tivessem um bom relacionamento com apenas um adulto, fosse ele um parente, professor ou membro da comunidade.[5]

Sem relacionamentos, não conseguiríamos sobreviver por muito tempo, mas, como argumentava Harry Stack Sullivan, pai da psiquiatria norte-americana, as vantagens dos relacionamentos não se limitam à mera sobrevivência. Sullivan alertava que uma das experiências mais dolorosas e assustadoras que podemos vivenciar enquanto seres humanos é a sensação de que estamos sozinhos, abandonados ou desconectados dos outros.[6] Ou, como disse a escritora e jornalista Melissa Faye Greene, "A diferença entre nenhum amigo e um bom amigo é como a diferença entre um cômodo em breu absoluto e outro iluminado por velas de aniversário".[7]

Sullivan foi um dos primeiros clínicos e teóricos da psicologia a enfatizar a importância dos relacionamentos no desenvolvimento emocional, argumentando que o fator determinante mais significativo de nosso comportamento e de nossa personalidade é a maneira como interagimos com os outros. Antes de seus escritos, a visão predominante era a defendida por Sigmund Freud, que se preocupava mais com o que acontecia dentro do espaço "psíquico".[8] Em vez de enfatizar as fases psicossexuais do médico (oral, anal, fálica, latente e genital), Sullivan acreditava que a personalidade se desenvolve como um produto das interações sociais, que se tornam progressivamente mais complexas ao longo da vida. Segundo Sullivan, o desenvolvimento infantil deve ser encarado como o processo de aprender as diferentes habilidades interpessoais necessárias para progredir de uma etapa para a seguinte

COMUNICAÇÃO NÃO VERBAL

à medida que a complexidade das relações aumenta. Cada fase exige um conjunto específico de habilidades, mas Sullivan observou que um único aspecto se mostrava consistente ao longo de todas as etapas do desenvolvimento: a importância da comunicação não verbal.[9]

Um sinal do poder das interações não verbais é o fato de que a conexão entre pais e filhos — provavelmente uma das relações mais intensas e íntimas que você terá — é forjada durante o primeiro ano de vida, antes que a criança seja capaz de pronunciar ou compreender o significado de qualquer palavra. Na verdade, bebês nascem com um conjunto básico de comportamentos que parecem projetados para criar esses laços, obrigando os outros a prestarem atenção a ele de forma protetora.[10] Podemos até dizer que se trata de um instinto de sobrevivência, visto que bebês são completamente dependentes dos cuidadores para receber alimento, abrigo, proteção e todos os recursos básicos de que precisam para sobreviver. Enquanto muitas outras espécies adotam uma filosofia de "quanto mais, melhor" para a sobrevivência dos filhotes, produzindo milhares de ovos na esperança de que alguns sobrevivam puramente ao acaso, os seres humanos, assim como a maioria dos mamíferos, seguem uma abordagem muito diferente para garantir a sobrevivência da prole. Eles têm menos bebês, porém dedicam mais energia, tempo e atenção para que cada filhote permaneça vivo e se desenvolva.

Alguns anos atrás, testemunhei esse conceito com meus próprios olhos quando tive a sorte de passar um tempo no laboratório de Philippe Rochat, conhecido psicólogo da área do desenvolvimento e meu colega na Universidade Emory. Rochat recriava o famoso experimento do "rosto impassível" conduzido pelo psicólogo norte-americano Edward Tronick pela primeira vez em 1975.[11] Quando Tronick iniciou seus estudos, não havia consenso na área sobre a capacidade de crianças pequenas de acompanhar a alternância e a troca de interações sociais contínuas. A pesquisa mostrou que elas conseguem, sim, fazer isso.

Em seu estudo revolucionário, Tronick orientou mães a interagirem com seus bebês (que tinham idade entre 8 meses e 1 ano) de forma brincalhona por alguns minutos antes de pedir que parassem o que estavam fazendo e ficassem silenciosas e imóveis. Não haveria mais sorrisos e vozes alegres para os bebês; em vez disso, elas deviam manter uma expressão neutra e ficarem caladas. No dia em que estive lá para observar, Philippe tentava repetir o experimento de Tronick com mulheres que trabalhavam no laboratório em vez das mães. Desta vez, assisti por trás de um espelho unidirecional enquanto uma jovem e um bebê interagiam com sorrisos e vozes felizes. Então, obedecendo a um sinal, a assistente subitamente ficou imóvel e silenciosa. Inabalado, o bebê continuou sorrindo e fazendo barulhos alegres por um tempo, mas seu sorriso logo desapareceu com a ausência de respostas. Philippe me explicou que as assistentes precisaram de um treinamento intensivo para conseguirem resistir às tentativas não verbais de interagir, e era fácil entender por quê. Não demorou muito para o bebê voltar a sorrir e fazer barulhos, porém com menos alegria. Mais uma vez, a assistente resistiu aos pedidos não verbais de interação, e o bebê voltou a ficar parado, afastando o olhar.

Eu tinha certeza de que aquele bebê de 11 meses tinha desistido de insistir na interação, mas então ele fez algo extraordinário: virou a cabeça, encarando a assistente com um olhar atento, ergueu as mãos, abriu um sorriso deslumbrante e começou a bater palmas, convidando a assistente para brincar. Quase perdi o controle ao ver o bebê implorando para interagir com a jovem. Por sorte, em poucos segundos, outro sinal foi dado, e o rosto da assistente se iluminou com um sorriso maravilhoso. Quase instantaneamente, a expressão no rosto do bebê passou de desolada para alegre de novo.

Como o experimento demonstra, crianças pequenas têm o instinto ativo de convidar os outros a interagir com elas e de fazer o que for necessário para manter essa interação. Mesmo na primeira infância, antes de aprenderem a falar, elas buscam relações e usam quaisquer ferramentas não verbais ao alcance para socializar com as pessoas ao redor — mesmo que sejam completas desconhecidas.

No começo, crianças buscam conexão por instinto de sobrevivência, porém o desejo por essa conexão não desaparece quando passam a ter idade suficiente para cuidar das próprias necessidades. O problema é que, quando elas crescem um pouco, os métodos instintivos que funcionavam bem na primeira infância deixam de ser eficientes ou apropriados (imagine se uma criança de 5 anos ficasse rindo e gorgolejando para chamar a atenção da mãe).

Embora a importância da comunicação não verbal na vida de bebês e crianças pequenas que ainda não sabem falar ou que têm um vocabulário limitado seja óbvia para a maioria das pessoas, as conquistas verbais das crianças são muito empolgantes e acabam preterindo a linguagem não verbal como a forma preferida de forjar conexões. Ainda assim, quando se trata de transmitir emoções — a base de qualquer relacionamento —, a comunicação não verbal tem um peso muito maior do que a verbal.

Como observa Albert Mehrabian, especialista em comunicação não verbal, quando mensagens emocionais são transmitidas entre pessoas, apenas 7% de seu significado é passado por meio de palavras faladas, enquanto 38% vêm do tom de voz e 55% da linguagem corporal.[12]

Nem todos os pesquisadores concordam com essas porcentagens exatas, porém a maioria aceita a visão de que crianças precisam dominar ambas as linguagens para ter relacionamentos bem-sucedidos.

COMO A COMUNICAÇÃO NÃO VERBAL SE DESENVOLVE

Todos nós conhecemos indivíduos invejáveis, que parecem ter o dom de chamar a atenção das pessoas, que são cativantes, agradáveis de conviver. Essas pessoas parecem felizes, e sua alegria contagia todos ao redor. Apesar de talvez não termos essa percepção no momento, é provável que nossa reação positiva a esses indivíduos esteja muito ligada às suas expressões faciais carinhosas e convidativas, com a maneira como modulam a voz para aumentar o impacto emocional de uma história e na forma como se inclinam de leve em nossa direção e concordam com a cabeça enquanto falamos. Ao fazer isso, eles nos mostram que nos enxergam, que gostam de nós e que desejam aprofundar nossa conexão, fazendo com que seja fácil retribuir o sentimento. E fazem tudo isso sem usar palavras.

É isso que você deseja que seus filhos sejam capazes de fazer na vida adulta.

Assim como aprender a ler, escrever e fazer contas prepara o terreno para o aprendizado intelectual e matemático mais complexo que ocorre no futuro, habilidades não verbais básicas oferecem o suporte para as habilidades emocionais e sociais mais avançadas que crianças desenvolverão mais tarde. Em outras palavras, construir uma base sólida na infância pavimenta o caminho para relações adultas saudáveis, satisfatórias e duradouras.

COMUNICAÇÃO NÃO VERBAL

Com a ajuda de um adulto, qualquer criança pode aprender as habilidades necessárias para se tornar um comunicador não verbal aquém, e é possível começar em qualquer etapa — quanto mais jovem, melhor, porém nunca é tarde demais. Se quiser ajudar seu filho a desenvolvê-las, antes você precisa compreender como essas habilidades são adquiridas, começando pelas primeiras fases do desenvolvimento.

Primeira infância (do nascimento aos 2 anos)

A primeira fase vai do nascimento até cerca de 2 anos de idade, terminando com a introdução da linguagem verbal. Na primeira infância, é claro, as habilidades infantis são apenas não verbais. E, como vimos, os bebês nascem com um conjunto básico de comportamentos que os ajuda a conseguir a atenção e os cuidados que lhes são vitais.

Para bebês, a comunicação com pais e tutores é relativamente simples: eles choram quando sentem desconforto físico ou fome, e você reage para saciar essas necessidades. Caso os sinais da criança funcionem — isto é, caso consiga reações consistentes e positivas —, ela começará a perceber nos primeiros dois meses que suas ações têm ligação com aquilo que recebem. A percepção de que seus atos têm consequências — positivas ou negativas — oferece uma base para compreender a troca que faz parte das interações interpessoais que ganharão importância à medida que a criança for amadurecendo.

Enquanto aprendem que suas ações produzem reações nas pessoas que os cercam, os bebês também começam a sentir que são diferentes dos rostos que enxergam, das vozes que escutam e dos corpos que habitam o espaço ao seu redor. Com essa percepção, surge a primeira pista da alteridade, que é a distinção básica entre "eu" e o "outro".

A LINGUAGEM DOS RELACIONAMENTOS

Essa compreensão prepara o terreno para a primeira e talvez mais importante relação que desenvolvemos na vida: a *relação do apego*. Embora os bebês tenham um rápido desenvolvimento físico, cognitivo e emocional durante o primeiro ano de vida, o apego entre eles e seus cuidadores é forjado apenas por meio dos seguintes canais não verbais: ritmo, expressões faciais, tons de voz, espaço pessoal e toque.[13]

Sullivan acreditava que o processo de avaliação refletida a respeito de indivíduos importantes ajuda os bebês a determinar não apenas que são diferentes dos outros, mas também se são vistos de forma positiva ou negativa por esses outros. Caso a criança esteja cercada por cuidadores responsivos, sorridentes e felizes, é provável que sua autopercepção inicial seja positiva. Porém, se as pessoas que cuidam dela se mostrarem consistentemente tristes, irritadas ou nervosas e rejeitarem seus pedidos de atenção, é provável que ela desenvolva uma autopercepção negativa.

No começo, crianças usam todas as habilidades não verbais naturais e iniciais para forjar uma conexão com os cuidadores, figuras essenciais para sua sobrevivência. Porém, com 2 anos de idade, elas já terão vivenciado uma enormidade de interações sociais, o que resulta em um extenso vocabulário não verbal. A maioria dos adultos continuará usando palavras ao interagir com elas, mas ainda serão a modulação, a intensidade, o volume e o ritmo vocal dessas palavras que terão o maior peso comunicativo.

Segunda infância (de 2 a 4 anos)

Três desenvolvimentos importantes acontecem na fase da segunda infância, que começa aos 2 anos de idade. A primeira é que a linguagem verbal entra em cena, se misturando à não verbal para criar

COMUNICAÇÃO NÃO VERBAL

novas maneiras de compreender e se relacionar com o mundo social. A segunda é que as crianças começam a ganhar consciência das mensagens não verbais que enviam e recebem. E a terceira é que seu mundo se expande, especialmente após entrarem para a pré-escola — e as oportunidades para o aprendizado não verbal também.

No começo dessa fase, talvez você se sinta um pouco dividido entre incentivar o aprendizado de novas palavras e não querer abandonar a conversa de bebê e a linguagem não verbal que compartilhou com seu filho nos últimos dois anos. Eu entendo. Quando era pequeno, meu filho chamava as coisas de que não gostava de "galhinha". As palavras inventadas que compartilhávamos me eram queridas — quase como nosso próprio código secreto —, e foi difícil abrir mão delas. Porém, as palavras de verdade logo venceram, pois ofereciam um meio de comunicação que podia ser compreendido fora de nosso círculo familiar.

Como pai de uma criança pequena, é provável que você tenha dedicado muito tempo e esforço para moldar a linguagem verbal do seu filho ao repetir a pronúncia exata de palavras, reformulando frases com a gramática correta e diminuindo as falas de bebê que eram tão prevalentes na primeira infância. É compreensível que pais sintam orgulho quando uma criança começa a usar palavras novas, mais avançadas, sentindo-se até um pouco envergonhados quando os filhos demoram mais para aprender essa nova forma de comunicação.

Porém, durante essa fase, formas mais sofisticadas de comunicação não verbal também são aprendidas. O amadurecimento do cérebro e do sistema nervoso permite que a criança assimile e envie sinais mais sutis por todos os canais não verbais. Nessa idade, seu filho provavelmente é capaz de exibir uma expressão de "raiva" quando assim desejar e sentir quando você estiver com raiva ou feliz com base em

A LINGUAGEM DOS RELACIONAMENTOS

suas expressões faciais e tons de voz. Ao mesmo tempo, ele se torna mais perceptivo das mensagens que envia e recebe por outros canais não verbais; por exemplo, talvez comece a entender que um abraço é sinal de afeto e passe a imitar os ritmos dos pais.

Nem preciso dizer que a comunicação não verbal frequentemente passa a ser negligenciada após a criança aprender a "falar". Como pais, é normal ficarmos tão empolgados com as palavras que começamos a ignorar as mensagens não verbais que nossos filhos transmitem. Quando seu filho aprende a pedir por um abraço com palavras, talvez você deixe de notar os sinais que indicam que ele está triste e precisando de um afago, caso não peça verbalmente por isso.

Durante essa fase, as crianças também se tornam sociais. Como pai, sem dúvida você passará a marcar eventos infantis, durante os quais as habilidades não verbais do seu filho serão aprimoradas à medida que ele interagir com colegas e adultos fora do círculo familiar. Eventos infantis também oferecem às crianças a oportunidade de observar uma gama maior de interações, como conversas entre adultos. Por meio dessas experiências, elas ganham acesso a uma grande variação de expressões faciais, entonação, uso de espaço e diferentes informações não verbais das exibidas pela família próxima. Se tudo for como o planejado, as crianças aprenderão o básico da interação social, tanto por brincadeiras quanto pelas correções do comportamento feitas por pais, tutores e professores atentos. Essas habilidades se tornam a base para a próxima fase, quando elas participam dessas interações sem tanta ajuda na escola em tempo integral. Podemos dizer que essa fase é como um ensaio controlado para os relacionamentos que serão construídos durante a terceira infância.

Terceira infância (dos 5 aos 10 anos)

Até aqui, pais e cuidadores foram as principais fontes de informação e conhecimento das crianças sobre como interagir com os outros. Porém, na terceira infância, quando o estudo formal é iniciado, chega a hora de tirar as rodinhas da bicicleta, e as crianças devem aprender a se relacionar com os colegas sem tantas orientações. Este é o momento de testarem o que ensaiaram e aprenderam na fase anterior.

Aprender esses novos conjuntos de habilidades interpessoais sem supervisão e orientação pode ser extremamente difícil. De repente, as crianças se veem cercadas por todo um vocabulário não verbal novo — que inevitavelmente difere daquele que encontram em casa. Por exemplo, crianças que vêm de lares em que se gesticula muito e se fala em voz alta podem ignorar mensagens mais sutis de colegas e professores. Ou pode acontecer de crianças de famílias que raramente transmitem emoções fortes ficarem apavoradas com as vozes exaltadas no parquinho, confundindo os gritos empolgados dos colegas com raiva. Aprender a interpretar essas mensagens de forma correta é um processo de tentativa e erro, e é inevitável que equívocos aconteçam.

Se a criança conseguir transitar bem por esse labirinto, é provável que forme uma relação especial e maravilhosa: um melhor amigo. Sem dúvida um dos marcos mais importantes da terceira infância, a descoberta de um melhor amigo costuma acontecer por volta das idades de 10 ou 11 anos, e, no geral, mas não como regra, trata-se de uma amizade com uma criança do mesmo sexo, na qual questões de confiança e carinho podem ser exploradas e resolvidas, oferecendo a cada uma a percepção de quem ela é e de como interage com os outros.

Depois que esses "companheiros" (como chamou Sullivan) se juntam, eles tendem a se separar do grupo social maior e passar uma

A LINGUAGEM DOS RELACIONAMENTOS

quantidade de tempo maior um com o outro, explorando interesses compartilhados, falando dos colegas de classe e dos adultos em sua vida, e frequentemente trocando pensamentos e segredos. O que torna essa amizade tão importante é o fato de que ambas as crianças — de forma consciente ou não — passam a contar uma com a outra para receber feedback sobre seu comportamento interpessoal. Sullivan chamava esse processo de "validação consensual", uma vez que os dois indivíduos se tornam bem mais cientes do próprio comportamento por meio do processo de se comunicar livremente com outro ser humano. Companheiros oferecem um ao outro não apenas oportunidades valiosas de praticar interações e comportamentos sociais, mas também informações valiosas sobre possíveis erros e acertos nessas interações. Outra característica dessa relação única, de acordo com Sullivan, é que talvez seja essa a primeira vez que a criança propositalmente coloca as necessidades e os desejos dos outros acima dos próprios. É uma experiência que se tornará inestimável quando as crianças entrarem na adolescência e começarem a ter amizades mais complexas, além de relacionamentos românticos e/ou sexuais.

A ANATOMIA DE UMA RELAÇÃO: O MODELO DE QUATRO FASES

Como visto, os pais têm muito controle sobre a vida social de um filho muito jovem, selecionando com quem ele deve interagir, a duração dessas interações e o local em que elas ocorrem. Isso muda quando a criança alcança a idade escolar. De repente, essas decisões — com

COMUNICAÇÃO NÃO VERBAL

quem fazer amizade, quanto tempo passar com um amigo e o que é feito nesse tempo — passam a ser principalmente da criança (embora professores também exerçam um papel importante). A escola é um local em que se pode começar a formar amizades recompensadoras, mas também onde podem enfrentar rejeição e isolamento, frequentemente devido às mensagens não verbais que transmitem sem perceber e às que interpretam de forma errada.

A partir da terceira infância, qualquer amizade que a criança forme segue um padrão. E essa sequência, que eu e meu colega Marshall Duke codificamos pela primeira vez nos anos 1980, oferece um padrão para os relacionamentos que as crianças formarão como adultos: elas *escolhem* um candidato provável para fazer amizade, *iniciam* o relacionamento, então o *aprofundam*, e, por fim, passam por uma *transição* de relacionamento quando a ocasião social, dia/semana/semestre/ano letivo termina. Cada uma dessas fases exige o uso de habilidades de comunicação verbal e não verbal — porém algumas têm um papel mais importante em certas fases do que em outras. Compreender os padrões de formação e desenvolvimento de amizades na terceira infância pode ajudar você a identificar os pontos em que seu filho vai bem e onde talvez precise aprender mais para forjar conexões significativas.[14]

1. A escolha

A fase da escolha é onde todo relacionamento começa. Pesquisas mostram que a decisão de uma criança sobre com quem fazer amizade costuma ocorrer em questão de segundos. Isso significa que elas usam informações assimiladas por sinais não verbais em roupas, expressões faciais e postura para decidir se vão se aproximar de uma potencial amizade.

A LINGUAGEM DOS RELACIONAMENTOS

O ideal é que pais de crianças muito pequenas compartilhem os motivos por trás de suas escolhas ao tomarem decisões pelos filhos. Por exemplo, ao convidar uma criança para ir brincar em casa com o filho, o pai pode dizer algo como: "Acho que você vai se divertir com a Ravi. Ela sempre me escuta e divide os brinquedos com você." Compartilhar essa informação não apenas ajuda a criança a entender as decisões, como também mostra o que é esperado dela.

Sendo assim, quando seu filho chegar à idade escolar, ele já deve ter alguma noção de como escolher amigos. Imagine-o encarando um pátio de escola cheio de crianças desconhecidas no primeiro dia de aula. Ele quer encontrar alguém com quem brincar. À esquerda, alguns meninos estão brincando com uma bola, que escapa e rola na direção dele. Um menino que usa um boné estampado com o emblema de um time de futebol americano se aproxima correndo, pega a bola e sorri. Naquele sorriso simpático, seu filho percebe um convite. Ele sorri de volta e acompanha o garoto de boné. Ele decidiu fazer um novo amigo.

2. A iniciativa

A fase da iniciativa acontece a seguir. Seu filho segue esse novo amigo e se junta aos outros três meninos que jogam bola. Ele espera até ocorrer um intervalo na brincadeira.

— Oi — diz ele, com um sorriso. — Posso brincar também? — Os outros meninos se apresentam rapidamente, seu filho continua: — Também torço para esse time, sabia? Tenho um boné dele em casa. Vou vir com ele amanhã.

O menino de boné responde:

— Você assistiu ao jogo em que eles venceram numa temperatura mil vezes abaixo de zero?

COMUNICAÇÃO NÃO VERBAL

Empolgado, seu filho comenta que o campo parecia coberto de gelo, e logo os cinco meninos estão brincando alegremente.

Para uma criança de 5 anos que conversa com novos colegas pela primeira vez em um parquinho, até uma interação aparentemente simples como essa é uma tarefa difícil, que envolve comportamentos verbais e não verbais: seu filho esperou pacientemente e, sentindo o ritmo da brincadeira, escolheu o momento certo de interromper. Ele não invadiu o jogo, mostrando respeito pelo espaço pessoal dos outros. Quando se apresentou, abriu um sorriso simpático e fez contato visual. Então "puxou papo" antes de pedir para participar. Acho que todos nós conseguimos imaginar as muitas maneiras como a interação poderia ter tido bem menos sucesso.

A fase da iniciativa ocorre com o começo da troca real de informações sociais por canais verbais e não verbais. Seu filho está em águas desconhecidas agora. Pela primeira vez, está escolhendo o próprio caminho e cabe a ele fazer com que essa potencial relação tenha um início bem-sucedido.

3. O aprofundamento

Com o tempo, se tudo for bem, as amizades do seu filho se aprofundarão de maneiras que seriam praticamente impossíveis nas formas iniciais do desenvolvimento, em que amizades costumam ser breves e giram em torno de uma atividade compartilhada. Sinais do aprofundamento de uma relação incluem confiança, revelações pessoais, aceitação e compreensão mútua. Como C. S. Lewis disse, a amizade nasce no momento em que uma pessoa diz para a outra: "Como assim? Você também? Achei que fosse só comigo."

O processo de aprofundamento envolve muitas trocas, boa parte delas não verbais. Quando uma pessoa fala, a outra responde não apenas com palavras, mas também com expressões faciais, linguagem corporal e tom de voz. Seu filho revelará algo sobre si mesmo, então olhará para o amigo para avaliar a reação dele. Se o colega concordar com a cabeça, sorrir ou fizer gestos de incentivo, seu filho saberá que pode continuar. À medida que as crianças passam mais e mais tempo juntas, vão se tornando cada vez mais conectadas nos sinais não verbais que transmitem ao outro aquilo que pensam ou sentem. As crianças começam a habitar o mesmo espaço físico e compartilhar os mesmos ritmos, frequentemente sendo vistas se abraçando ou andando de braços dados, com sorrisos estampados no rosto.

4. A transição

Embora o aprofundamento de uma relação seja difícil para algumas crianças, praticamente todas têm dificuldade em lidar de forma positiva com transições de relação. Na terceira infância, essas mudanças acontecem com mais frequência do que você imagina, como no fim de um dia de escola ou de uma brincadeira, por exemplo. Às vezes, a transição é mais intensa, como no fim de um ano letivo, da temporada da escolinha de futebol ou no último dia do acampamento de verão. Em outras ocasiões, uma transição de amizade acontece quando uma criança precisa mudar de cidade ou de escola. E, é claro, há momentos em que uma ou ambas as crianças decidem não continuar com a amizade, seja devido a uma briga, um desentendimento ou ao simples fato de ela ter perdido o sentido.

Transições podem ser dolorosas, mas é importante lembrar que cada uma delas também representa um novo começo. Mesmo na vida

COMUNICAÇÃO NÃO VERBAL

adulta, elas podem causar desconforto, então é comum tentarmos superá-las o mais rápido possível, sem pensar sobre as informações únicas que essas experiências têm a oferecer.

Imagine duas meninas de 10 anos, Gina e Ilana, no último dia de escola. Essas amigas passaram todo o ano letivo sentadas lado a lado, porque seus sobrenomes começam com *M*. Apesar de não serem "melhores amigas de verdade", elas se aproximaram ao longo do período letivo e estão tristes porque provavelmente não se encontrarão durante as férias de verão. Enquanto arrumam suas coisas, as duas conversam sobre o último ano. Lembram como eram tímidas uma com a outra no começo. Recordam-se da feira de ciências, do passeio da escola e de outros eventos memoráveis que tiveram. Nem todos os momentos foram divertidos, elas sabem. Houve brigas, e ambas se lembram de uma especialmente feia, quando Ilana não escolheu Gina para seu grupo durante o passeio.

Depois que as duas terminam de arrumar as coisas, e a professora confirma que não esqueceram nada, chega a hora de irem embora. Envergonhadas, cada uma pega na própria mochila o presente comprado para a outra. Elas seguem de mãos dadas até os ônibus escolares diferentes. Chegou o momento de se separarem. No geral, suas conversas são animadas; nesse dia, porém, suas interações estão mais quietas e calmas, o que torna o abraço de despedida ainda mais significativo. Sussurrando, elas desejam boas férias uma para a outra. A transição é o momento na vida de um relacionamento em que você pode ajudar seu filho a olhar para trás e observar padrões nítidos no desenvolvimento daquela relação. Refletir acerca dos processos de escolha, iniciativa e aprofundamento dos laços com outra pessoa pode gerar lições valiosas, aplicáveis a futuras relações. Quanto mais complexo e importante for o relacionamento, mais é possível aprender com ele.

A LINGUAGEM DOS RELACIONAMENTOS

· · ·

COMO VIMOS, a comunicação não verbal tem um papel importantíssimo no desenvolvimento de amizades próximas em todas as etapas da vida de uma criança. Isso significa que, caso seu filho tenha dificuldades sociais, o melhor que você pode fazer para ajudá-lo é promover o aprendizado da linguagem não verbal. Os métodos para fazer isso, como mostrarei nos próximos capítulos, são simples e diretos. Mas, primeiro, precisamos entender exatamente quais são essas habilidades e por que elas costumam ser deixadas de lado em prol do aprendizado da linguagem verbal.

CAPÍTULO 2

Os seis tipos de comunicação não verbal

Um resumo

E MBORA TODO MUNDO USE A COMUNICAÇÃO NÃO VERBAL NA ROTINA, POUCOS de nós consideramos como e por que a utilizamos. Assim como acontece com qualquer linguagem, a fluência exige a habilidade de se expressar com clareza, compreender o que os outros dizem e determinar a maneira mais apropriada de expressar algo em qualquer situação ou ambiente. A diferença é que, ao contrário da linguagem verbal, boa parte desse tipo de comunicação se dá de forma inconsciente, e, como resultado, tendemos a ignorá-la ou não valorizá-la. Na verdade, a comunicação não verbal pode ser enquadrada em seis categorias principais, que explicarei em mais detalhes nos próximos capítulos. Por enquanto, um resumo:

COMUNICAÇÃO NÃO VERBAL

1. Ritmo: o tempo em que reagimos aos outros, tanto com gestos físicos quanto durante as interações de uma conversa

O ritmo é a base de todas as nossas interações sociais. Quando esperamos alguém falar em vez de interromper a pessoa, ou estendemos a mão para um aperto praticamente ao mesmo tempo que o outro, instintivamente estamos usando o ritmo para transmitir respeito e deixar os interlocutores confortáveis em nossa presença. Todo mundo já passou por uma situação em que a conversa fluiu bem. Isso significa que ambos compartilhavam um ritmo compatível.

Por outro lado, quando alguém não espera a própria vez e fala por cima de você, pode parecer grosseiro ou causar desconforto. Ou, se você estiver conversando e a pessoa e fizer pausas demoradas demais antes de responder às suas perguntas, falar rápido demais ou fizer apenas comentários breves, seu ritmo de interlocução pode ser perdido. Em outras palavras, quando os ritmos são incompatíveis, interações sociais muito incômodas podem ocorrer.

2. Expressões faciais: A maneira como usamos os olhos, a boca, as sobrancelhas e a testa para transmitir emoções

Expressões faciais nos permitem revelar o que estamos pensando ou sentindo sem dizer nada. Quando parecemos entusiasmados, a reação do interlocutor também é de entusiasmo. Quando parecemos tristes, os outros logo nos questionam se estamos bem.

Durante a pandemia, todos vimos como é difícil nos comunicarmos usando máscaras que cobrem boa parte do rosto. As conversas se tornaram sem vida — e era necessário fazer um esforço bem maior para transmitir mensagens usando apenas palavras e os olhos.[1]

OS SEIS TIPOS DE COMUNICAÇÃO NÃO VERBAL

3. Espaço pessoal: A área ao nosso redor que não desejamos que outras pessoas invadam (a menos que sejam convidadas)

Imagine uma pessoa desconhecida chegando perto demais de você em uma festa. Você sente que um limite físico foi violado e se afasta. A maioria de nós percebe por instinto o espaço pessoal dos outros e fica desconfortável quando desconhecidos entram naquilo que consideramos ser nossa área particular.

Na pandemia, nos tornamos bem mais cientes do espaço pessoal e nos acostumamos a manter uma distância ainda maior dos outros — um hábito que ainda se perpetua. Quando permitimos a quantidade de espaço pessoal correta ao outro, reagimos às necessidades dele sem dizer nada, automaticamente fazendo com que se sinta mais tranquilo perto de nós.[2]

4. Contato físico: Quando nos aproximamos tanto dos outros que o contato físico acontece, de forma intencional ou não

Em momentos apropriados, o contato físico pode ser uma das formas mais eficientes de transmitir o carinho que você sente pela outra pessoa. Como pais, é comum usarmos o toque para acalmar os filhos, muitas vezes amenizando seus medos com um abraço ou um aperto carinhoso. Porém, o toque também pode ser problemático. Até você chegar ao ponto de familiaridade e intimidade com alguém em que o toque se torna consensual e apropriado, o contato físico pode ser visto como uma invasão da autonomia corporal do outro. Isso vale até quando o toque é acidental, porque a pessoa sendo tocada pode desconhecer a intenção daquela que toca.

COMUNICAÇÃO NÃO VERBAL

Quando alguém encosta em você, seja dando um tapinha em suas costas, passando um braço sobre seus ombros ou lhe dando um abraço, antes de o ponto da intimidade ser alcançado, o ato pode ser extremamente incômodo, mesmo que o toque seja acidental. Até um aperto de mãos (uma maneira formal de contato físico) e um abraço podem passar a impressão incorreta. É bem provável que a maioria de nós já tenha passado pela gafe clássica de interpretar errado o grau de amizade e tentar dar um abraço enquanto a outra pessoa inicia um aperto de mão.

5. **Vocalização: Todas as comunicações vocais que usamos e que não incluem palavras, como o tom, o volume e a velocidade da fala; nossas hesitações e sons, como "hum" e "ah"**

Todos nós sabemos como é conversar com alguém que fala rápido ou devagar demais, ou em um volume muito alto ou baixo. Pode ser exaustivo tentar conversar com uma pessoa que resmunga ou sussurra tanto a ponto de termos que lutar para entender o que ela diz, ou alguém que carrega todas as frases de "hum" e "ah". E, quando alguém que fala a mil por hora ou berrando, não demora muito para nos sentirmos cansados de ouvir a pessoa. Por outro lado, quando alguém usa volume e tom confortáveis, quando entender suas palavras não exige toda nossa energia mental, conseguimos prestar mais atenção ao significado do discurso e, como resultado, tendemos a ter reações mais positivas.

6. **Linguagem corporal: Os movimentos que fazemos com o corpo, especialmente com as mãos, para transmitir ou enfatizar algo. A linguagem corporal também inclui a postura, assim**

SEIS TIPOS DE COMUNICAÇÃO NÃO VERBAL

as coisas que colocamos no corpo para transmitir emo-
u status, incluindo roupas, joias, aromas, maquiagem e
gens

Pessoas que usam as mãos para se expressar — ou para enfatizar um argumento — costumam ser interlocutores e palestrantes mais simpáticos.[3] Em certo grau, isso acontece porque gestos ajudam a enfatizar o que é dito e impulsionam a interação, fazendo com que o falante pareça aberto, amigável e interessado. Por outro lado, quando uma pessoa fica imóvel, com os braços junto às laterais do corpo ou cruzados com firmeza sobre o peito, sem jamais usar as mãos para gesticular enquanto fala, pode passar a impressão de estar desconfortável — e até parecer um pouco desagradável e emocionalmente distante.

A postura é outro aspecto importante, e o único sinal não verbal que conseguimos captar de longe. Pessoas que ficam com a coluna ereta e os braços soltos, sem entrelaçar as mãos diante do corpo, instantaneamente parecem mais confiantes e relaxadas, mesmo a muitos metros de distância, e temos uma propensão maior a encará-las de forma positiva.[4] Por outro lado, imagine uma sala de aula cheia de adolescentes curvados sobre as carteiras. Talvez nem todos estejam desinteressados, mas a linguagem corporal envia uma mensagem poderosa de que estão entediados e loucos para ir embora.

A comunicação com o uso de objetos leva em conta os elementos que usamos em nosso corpo, e eles podem transmitir mensagens fortes sobre quem somos — gostos e preferências, humores, e até os grupos ou subculturas com que nos identificamos. Aparecer em uma entrevista de emprego em trajes apropriados para um escritório, por exemplo, transmite uma mensagem muito diferente da imagem transmitida ao ir a um show de rock usando uma jaqueta de couro

COMUNICAÇÃO NÃO VERBAL

e muitas bijuterias de metal, porém, em ambos os casos, enviamos sinais sobre como desejamos ser vistos. Além disso, para crianças, a comunicação com o uso de objetos é uma forma de identificar colegas que possam compartilhar seus interesses ou grupos em que acham que podem se encaixar. Por outro lado, com esse tipo de comunicação leva a criança a causar um efeito de distanciamento ou fazer com que ela se sinta excluída.

UM CONTO DE DUAS LINGUAGENS: SEMELHANÇAS E DIFERENÇAS

Agora que falamos sobre os diferentes tipos de comunicação não verbal, é importante entender as maneiras como as principais formas pelas quais ela se dá, linguagem verbal e não verbal, são semelhantes e, mais importante, como diferem.

Essas duas modalidades compartilham pelo menos quatro características importantes.

1. Ambas são aprendidas

Assim como a linguagem verbal, a não verbal é algo que bebês começam a aprender no instante em que abrem os olhos — e continuam esse aprendizado a cada ano que passa. Para ambas as linguagens, esse processo segue uma sequência típica, com etapas de desenvolvimento que refletem o progresso de uma criança.

Durante o primeiro ano de vida, a maioria dos marcos dela é não verbal — por exemplo, sorrir, apontar, dar tchau. Seu filho aprende

OS SEIS TIPOS DE COMUNICAÇÃO NÃO VERBAL

que balançar a cabeça para cima e para baixo significa "sim" e que balançar a cabeça para os lados significa "não". Ele percebe que uma pessoa feliz pode sorrir e usar um tom de voz animado ou mostrar o dedão em sinal de "positivo". Ele passa a entender que, se fizer algo que chateie alguém, a pessoa pode encará-lo com a testa franzida. Após o primeiro ano, os marcos verbais se tornam predominantes: a primeira palavra, a primeira frase, a primeira vez que a criança pede por algo usando o termo certo. Com o tempo, o vocabulário dela aumenta, assim como a capacidade de elaborar frases mais complexas e, então, ler. Enquanto isso, o vocabulário não verbal também continua se desenvolvendo, mesmo que não comemoremos esses marcos com a mesma empolgação reservada às conquistas verbais.

Mas, por ser aprendida, a comunicação não verbal pode ser ensinada. Da mesma maneira como podemos corrigir uma criança que pronuncia uma palavra do jeito errado, também podemos corrigir uma que fala alto demais, que interrompe o irmão ou que esbarra nos coleguinhas.

2. Ambas são extremamente complexas

O principal componente da linguagem verbal é, obviamente, as palavras. E nosso idioma está repleto delas. Dicionários registram milhões de verbetes. Porém, a linguagem não verbal também é rica em complexidade. De acordo com um influente teórico dessa área, Ray Birdwhistell, literalmente milhares de sinais diferentes podem ser interpretados pelos movimentos humanos, aquilo que ele chamou de "cinésica".[5] E o renomado linguista Mario Pei foi além ao estimar que os seres humanos são capazes de produzir surpreendentes 700 mil sinais físicos, ou mais, que agem como sinais comunicativos.[6]

COMUNICAÇÃO NÃO VERBAL

Faz sentido quando paramos para pensar em quantos sinais emocionais diferentes podem ser transmitidos de maneira não verbal: felicidade, tristeza, raiva, medo, nojo, surpresa, citando somente alguns. Então pense em como eles podem ter intensidades variadas: de intensos a leves, e qualquer outra coisa entre esses dois extremos. Não apenas isso, como esses sinais emocionais podem ser transmitidos simultaneamente por diferentes canais não verbais: no rosto, na voz, nos gestos, na postura. Dominar e compreender esse caleidoscópio em constante mutação não é tarefa simples, mas é tão crucial para o sucesso social e acadêmico de uma criança quanto o domínio da linguagem oral.

3. Ambas são compostas por habilidades usadas para compreender e se expressar

É provável que você já tenha pensado muito nos níveis de habilidade do seu filho em competências como leitura, escrita, ortografia e fala. As habilidades verbais podem ser divididas entre aquelas que usamos para *compreender* as palavras escritas e faladas dos outros e as que usamos para *nos expressar em palavras* para os outros.

Porém, como a maioria dos pais, é possível que você tenha dedicado bem menos tempo se preocupando com os avanços não verbais do seu filho. As habilidades da comunicação não verbal podem ser classificadas da mesmíssima maneira que as da comunicação verbal: sendo "expressivas" (a capacidade de usar sinais não verbais para manifestar seus sentimentos) ou "receptivas" (a capacidade de interpretar sinais não verbais). Assim como é o caso da linguagem não verbal, a habilidade de *interpretar* sinais não verbais é diferente e independente da habilidade de *expressá-los*. Da mesma maneira como uma criança

OS SEIS TIPOS DE COMUNICAÇÃO NÃO VERBAL

pode ter dificuldade com interpretação de texto, mas construir frases complexas com facilidade, por exemplo, ela pode ter talento para interpretar expressões faciais, mas ter dificuldade em manifestar as próprias. Outra criança pode ter muita facilidade para expressar emoções de forma não verbal, porém ser menos avançada quando se trata de perceber e entender as informações emocionais transmitidas pelas expressões faciais, tons de voz e gestos dos colegas. Os dois tipos de habilidade são importantes. Afinal, que diferença faz saber reagir a uma pessoa com raiva se você interpretar a expressão facial raivosa dela como tristeza?

A boa notícia é que o fato de uma criança ter dificuldade para interpretar sinais não verbais não significa que ela tenha dificuldade em usá-los. E a maioria é perfeitamente capaz de aprender habilidades não verbais receptivas e expressivas, apesar de, por uma série de motivos, não ter tido oportunidades de aprender as competências apropriadas para sua idade e situação.

4. Ambas são moldadas pela cultura

Cada cultura tem a própria linguagem não verbal, assim como a própria linguagem verbal. Vejamos as maneiras tradicionais como norte-americanos e japoneses se cumprimentam. No Japão, a tradição é fazer uma mesura; porém mesmo que alguém use a prática ocidental de apertar mãos, o toque é leve e os olhares não se encontram. Compare isso com a prática norte-americana um tanto agressiva de começar o cumprimento com um aperto de mão firme e contato visual direto.

Tenho um colega de trabalho, o mundialmente renomado primatologista Frans de Waal, que é poliglota e um dos poucos membros do corpo docente que consegue apresentar suas pesquisas em outros idio-

COMUNICAÇÃO NÃO VERBAL

mas falados além do inglês. Tive a oportunidade de assistir a Frans se apresentando em uma língua diferente, e isso me ajudou a lembrar que cada linguagem verbal é acompanhada pela própria linguagem não verbal. Quando Frans fala holandês ou alemão, por exemplo, noto que a postura dele se torna mais ereta e ele usa menos gestos do que quando fala italiano ou francês. Ao contrário de Frans, a maioria das pessoas que aprende um idioma estrangeiro nunca aprende a usar a linguagem não verbal que a acompanha. Elas podem ser bilíngues, mas permanecerem monocinésicas, o que significa que somente usam a linguagem não verbal nativa. Frans, por outro lado, pode ser descrito como poliglota *e também* policinésico.

APESAR DE TODAS as semelhanças, *as linguagens verbal e não verbal também apresentam várias diferenças* — e essas distinções são essenciais para compreender por que crianças que desenvolvem essas habilidades com menos rapidez acabam tendo dificuldades socioemocionais.

1. Temos menos consciência de como usamos a linguagem não verbal em comparação com a verbal

Embora tenhamos, de modo geral, uma grande percepção daquilo que falamos ou escrevemos, raramente temos o mesmo tipo de consciência sobre o que expressamos de forma não verbal — ou sobre como interpretamos os sinais não verbais que recebemos dos outros. É por isso que algumas crianças (como Jack, de quem falamos antes) não percebem suas gafes não verbais, e a reação dos outros a elas nem por que isso acontece. Também é por isso que dificuldades com a comunicação não verbal parecem mais difíceis de diagnosticar do que problemas com a linguagem verbal.

OS SEIS TIPOS DE COMUNICAÇÃO NÃO VERBAL

Para complicar ainda mais a questão, a maioria das pessoas nem sempre entende a própria reação a essas gafes. Elas podem se sentir frustradas após conversar com uma pessoa que enche a fala de pausas demoradas, mas não compreender a fonte dessa frustração. Mesmo nas raras ocasiões em que temos consciência e conseguimos articular as gafes não verbais dos outros, nossa educação pode nos impedir de mencioná-las. Por exemplo, se alguém se aproxima demais de nós ou nos encara por muito tempo, é bem provável que simplesmente nos afastemos em vez de dizer que estamos desconfortáveis.

Como resultado, quando as crianças cometem erros não verbais, raramente recebem o feedback corretivo de que precisam. Em vez disso, talvez elas sintam que há algo errado em suas tentativas de forjar conexões, mas não saibam identificar o que é e nem como melhorar a situação. Se elas insistirem na conexão enquanto continuam a cometer erros que causam incômodo nas outras crianças, podem acabar se tornando socialmente excluídas, sendo classificadas como "esquisitas", ou pior.

A falta de entendimento acerca de como as emoções são transmitidas por canais não verbais pode contribuir para o desenvolvimento de ajustes sociais fracassados e problemas emocionais, especialmente durante a transição da infância para a adolescência. E, na ausência de uma intervenção, essa pouca percepção emocional pode preparar o terreno para dificuldades mais graves no futuro.

2. A comunicação não verbal é mais contínua e involuntária do que a verbal, e não pode ser reprimida

O comportamento não verbal está sempre presente. Seja quando falamos ou quando estamos em silêncio, com ou sem nossa permissão.

Pense em como, mesmo após você terminar de falar, seu corpo permanece em constante movimento, enviando sinais por meio da postura, dos gestos e das expressões faciais. Quando dou palestras, costumo mencionar essa característica da comunicação não verbal, dizendo: "Sou a única pessoa falando no momento, mas cada um de vocês está se comunicando comigo por meio de como se senta, se alonga, revira os olhos, boceja ou olha ao redor do salão. Não há como vocês se controlarem, e não há como eu não ser afetado." Assim que falo isso, algo especial acontece com as pessoas na plateia: elas ficam paralisadas. Todo mundo se empertiga nas cadeiras, tentando manter os músculos imóveis, o que significa que o esforço torna qualquer movimento que façam bem mais chamativo. Geralmente, escuto barulhos agudos de cadeiras e mesas enquanto as pessoas se esforçam ao máximo para não se comunicarem da maneira como acabei de descrever, mesmo que o façam de forma inconsciente.

Paul Watzlawick, psicoterapeuta mundialmente renomado, sugeriu que é *impossível* não nos comunicarmos não verbalmente![7] Ao refletirmos sobre a natureza involuntária desse tipo de comunicação, junto com o fato de que ela costuma acontecer de maneira inconsciente, fica fácil entender como crianças acabam cometendo os mesmos erros não verbais de forma contínua sem perceberem.

3. A comunicação não verbal é aprendida de forma menos direta e sistemática do que a verbal

Na escola, crianças aprendem a usar a linguagem oral e escrita de maneira formal, intencional. Provas de ortografia e tarefas de casa por escrito são corrigidas, pontuadas e devolvidas aos alunos, que podem ter que refazer as partes que não acertaram. Quando leem em

OS SEIS TIPOS DE COMUNICAÇÃO NÃO VERBAL

voz alta, professores corrigem a pronúncia, gramática e outros erros. Ninguém jamais questiona por que as coisas são feitas dessa forma; nós aceitamos que aprender a ler e a escrever é um componente essencial da educação infantil formal.

Em contraste, educadores raramente dedicam tempo em sala de aula ao ensino da linguagem *não verbal*. Seu filho não fará uma prova em que precisa identificar a expressão facial correta para "tristeza" e explicar como ela é diferente da expressão que sinaliza "raiva". Com certeza não haverá questionários sobre a distância que deve ser mantida dos colegas, por quanto tempo fazer contato visual ao responder a uma pergunta do professor ou como usar a linguagem corporal para demonstrar interesse em algo que um colega fala.

Essas habilidades são tão importantes quanto saber como usar ponto e vírgula, mas raramente aparecem no currículo escolar.

4. A comunicação não verbal tem um impacto mais visceral do que a verbal

Quando alguém quebra uma regra da comunicação verbal — insere um erro de ortografia em um e-mail ou usa uma figura de linguagem de forma errada, por exemplo —, não costumamos prestar muita atenção. Isso acontece porque analisamos intelectualmente o erro, com frequência atribuindo-o a um mero descuido (como de fato costuma ser). Entretanto, quando as pessoas não seguem as regras da comunicação não verbal — por exemplo, um desconhecido se senta ao seu lado em um cinema apesar de haver vários lugares vazios com uma vista igualmente boa da tela —, processamos o erro de forma emocional e somos propensos a reagir por instinto, talvez nos afastando da pessoa, que passamos a ver como esquisita ou talvez até perigosa.

COMUNICAÇÃO NÃO VERBAL

5. **Quando a comunicação não verbal e a verbal transmitem mensagens emocionais conflitantes, tendemos a aceitar a não verbal como a verdadeira**

Embora a comunicação não verbal não seja percebida de forma consciente, ela é extremamente poderosa, com frequência causando um impacto maior do que a verbal. Quando você pergunta a uma pessoa se ela está tendo um bom dia e ela responde que sim com uma voz triste, trêmula, sua tendência é acreditar no que é transmitido pelo tom, não pelas palavras. Da mesma maneira, se a pessoa com quem você estiver conversando em uma festa disser que está adorando a conversa, mas a cada meia hora olhar para o relógio ou para o celular, esse comportamento não verbal envia uma mensagem clara de que ela preferia estar em outro lugar. A desarmonia entre o verbal e o não verbal pode causar inúmeros problemas para uma criança que não entende as mensagens emocionais poderosas que talvez esteja enviando para os outros.

• • •

Como vimos, a comunicação não verbal é tão complexa e útil na transmissão de informações e emoções quanto a verbal. Nos próximos capítulos, você aprenderá sobre as regras e as dinâmicas da linguagem não verbal — e como ajudar seu filho a dominá-las.

PARTE 2

A ORQUESTRA SILENCIOSA

Como usar o poder da comunicação não verbal (para tocar a bela música dos relacionamentos)

ERAM 10 DA MANHÃ, E EU ESTAVA ATRÁS DE UM PÚLPITO, EM CIMA DE UM PALCO, olhando para uma plateia que incluía professores, fonoaudiólogos, psicólogos, psiquiatras e outros profissionais, mas também, e mais importante, pais. Eu tinha sido convidado como palestrante principal da conferência na Universidade da Califórnia, em Davis, sobre o ajuste social infantil. Empoleirado ali em cima, era impossível não me sentir desconfortável. Eu não apenas estava afastado da plateia, como a maior parte do meu corpo estava escondida pelo púlpito de madeira. E ali estava eu, pronto para falar sobre a importância da comunicação não verbal para uma plateia que não conseguia enxergar meus sinais não verbais — nem eu conseguia enxergar os dela. Sendo assim, me virei para o responsável técnico do evento, pedi um microfone portátil, que eu pudesse prender na lapela, e desci a escada até ficar no mesmo patamar das cadeiras. Naquela distância, eu conseguia usar a linguagem não verbal de forma mais eficiente para transmitir minha mensagem e também para notar sinais da plateia.

Para ter certeza de que eu conseguiria me conectar com o máximo possível de pessoas, caminhei de um lado para o outro do auditório, indo até o fundo e voltando, enquanto descrevia cada um dos canais não verbais de comunicação social e como eles afetam o processo de criar relacionamentos. Enquanto percorria o salão, expliquei que os componentes da comunicação não verbal são muito parecidos com os músicos de uma orquestra. Assim como cada um deles, individualmente, precisa dominar seu instrumento e tocar no compasso e na intensidade corretos, em total sincronia com os demais músicos redor, cada componente não verbal também precisa estar sintonizado aos demais para transmitir uma mensagem intensa e ressonante.

Como músicos ensaiando, crianças precisam treinar cada instrumento não verbal ao ponto de dominá-los e se tornarem capazes de usá-los por todas as fases de um relacionamento: a escolha, a iniciativa, o aprofundamento e a transição. Da mesma maneira que ensaios se tornam mais difíceis à medida que as partituras se tornam mais complexas, crianças precisam se acostumar a tocar seus instrumentos não verbais diante das situações sociais cada vez mais complexas que acompanham a idade. Meu objetivo nos próximos capítulos é apresentar todos os instrumentos da orquestra da comunicação não verbal, para que você possa orientar seus filhos conforme forem desenvolvendo essas habilidades essenciais.

Cada capítulo apresenta um canal de comunicação não verbal específico, suas origens, como ele é aprendido e como sua importância pode mudar com a idade. Além disso, os capítulos descrevem o impacto do canal no desenvolvimento das amizades da criança, junto com métodos para avaliar as habilidades atuais dela e sugestões sobre como ajudá-la a melhorar. Apesar de os leitores poderem optar por pular capítulos sobre canais não verbais específicos que não pareçam interessantes, devo enfatizar que nenhum deles funciona sozinho; mais uma vez, como instrumentos em uma orquestra, todos funcionam em harmonia.

CAPÍTULO 3

Ritmo

O canal não verbal secreto

MEU PRIMEIRO CONTATO COM ISOBEL, DE 8 ANOS, OCORREU QUANDO ME pediram para observá-la com sua turma de terceira série, em uma pequena escola no sul do estado da Georgia. Os professores de Isobel estavam preocupados com seu comportamento agitado e até sugeriram uma série de possíveis diagnósticos para os pais, incluindo TDAH e até mesmo transtorno do espectro autista. Foi por esse motivo que me convidaram para fazer uma avaliação presencial.

Naquela escola de Ensino Fundamental especificamente os alunos trocavam de sala de aula duas vezes por dia, para se prepararem para as mudanças de sala mais frequentes que teriam que fazer em séries mais avançadas e também para não passarem longos períodos sentados. Quando o sinal tocou para indicar o fim de uma aula, fiquei observando as crianças pegarem suas coisas para sair. Enquanto outros alunos guardavam rapidamente os cadernos e se levantavam, esperando para serem dispensados, Isobel enrolou até ser a última aluna a se levantar e a última na fila para sair da sala. Por outro lado, ao chegar no corredor, ela passou a andar mais rápido que os outros, empurrando os quatro colegas à frente. Quando os professores gritaram "Isobel, fique na fila!", a garotinha parou e voltou para seu lugar original, mas então começou a andar em um ritmo mais lento do que o dos alunos à frente e atrás, causando um engarrafamento de pessoas.

Na nova sala de aula, Isobel permaneceu em um ritmo diferente. Apesar de ter um bom desempenho acadêmico, raramente seguia as instruções dadas ao grupo, a menos que seu nome fosse mencionado, e, mesmo assim, as orientações precisavam ser repetidas especialmente para ela. Isobel não era hostil nem teimosa; apenas parecia não entender quando devia ou não fazer alguma coisa. Por exemplo, quando a turma foi chamada para se sentar no tapete e ouvir uma história, ela se moveu lentamente, sendo a última a chegar, e ao buscar um lugar na roda acabou pisando na mão de um colega que já estava sentado.

No parquinho, Isobel tentava entrar nas brincadeiras ou atividades que já estavam acontecendo, mas, por sempre chegar tarde demais, acabava ficando de fora. Ela queria muito ser incluída, mas não parecia entender que sua percepção de tempo causava problemas. Quando enfim conseguia entrar em uma atividade, Isobel parecia ter um bom desempenho — no geral, as outras crianças a aceitavam, mas demonstravam alguns sinais de irritação diante das interrupções e dos atrasos causados por ela.

Após observá-la na sala de aula e no recreio, conversei com ela e apliquei uma série de testes. Em uma avaliação, peguei dois conjuntos de bastões de madeira, entreguei um a ela e pedi que os tocasse junto comigo. Isobel não conseguiu; às vezes, eu ouvia seus bastões batendo antes dos meus ou muito depois deles. Após terminar os testes

RITMO

e ler suas avaliações completas, tive certeza de que havia entendido o problema: ela estava com dificuldade com o canal não verbal do ritmo. Era por isso que era tão complicado manter o compasso dos estudantes ao seu redor; a menina simplesmente não acompanhava a "batida" da sala de aula. Porém a descoberta mais importante foi a seguinte: por mais óbvias que as dificuldades de Isobel com ritmo fossem para mim, ela parecia completamente inconsciente dos próprios erros.

Para que tenham sucesso no ambiente escolar, todas as crianças precisam aprender a entrar em sincronia com o ritmo da sala de aula e dos colegas. No entanto, por essa habilidade — assim como todas as formas de comunicação não verbal — ser aprendida de forma indireta, nem todas a assimilam ao mesmo tempo. Para algumas crianças, acompanhar a velocidade da turma pode ser um desafio. Até aquelas com uma facilidade natural para o ritmo podem ser afetadas por acontecimentos em suas vidas, como um metrônomo derrubado de cima do piano.[1]

Boa parte do tempo que passo em consultorias nas escolas é dedicado a observar as crianças que estão "dessincronizadas" de seus colegas, porque são elas que inevitavelmente também estão enfrentando dificuldades em outros ambientes. É comum que não consigam fazer as alternâncias necessárias para a harmonia social. Por não entenderem quando devem parar de falar e escutar, as conversas e interações delas rapidamente se deterioram. Elas terminam de comer o lanche rápido ou tarde demais; quando terminam muito rápido, acabam iniciando interações que irritam os colegas que ainda estão comendo, e se ainda estão comendo após todo mundo terminar, perdem a socialização pós-refeição, tão importante para o desenvolvimento de amizades. As transições de uma atividade para a próxima e a troca de salas de aula são desafiadoras. Essas são as crianças que continuam colando imagens na cartolina para um projeto de artes após todo mundo ter terminado, arrumado tudo e estar pronto para seguir em frente. Imagine como uma criança com um ritmo acelerado ou lento demais pode frustrar um professor que tenta lidar com vinte a trinta crianças ao mesmo tempo? Esse professor vai acabar dando broncas ou castigos para o aluno fora de sincronia. Consequentemente, a criança pode se retrair e perder autoconfiança, ainda sem saber o que está fazendo de errado.

Boa parte do trabalho de qualquer professor é instaurar o ritmo necessário para interações sociais e aprendizado saudáveis, especialmente no Ensino Básico. Antes de a pandemia causar um curto-circuito no sistema de educação presencial, a maioria dos professores provavelmente lidava com uma ou duas crianças como Isobel em suas salas de aula, porém, após muitos meses de ensino remoto, a quantidade de "Isobels" aumentou muito. Crianças que já tinham dificuldade com o ritmo se tornaram bem mais atrasadas que os colegas, e as que não tinham problema antes da pandemia perderam a prática.

Apesar de ser verdade que muitas crianças que enfrentavam problemas com ritmo tenham recebido uma folga desses desafios por estarem em casa — algo que alguns pais consideraram ser uma consequência positiva do fechamento das escolas —, sem oportunidades para experiências de aprendizado, as limitações delas se mostraram piores quando chegou o momento de voltarem a interagir cara a cara com colegas e professores na escola. O resultado foi salas de aula caóticas, nas quais professores precisavam se esforçar muito mais para sincronizar os alunos.

A verdade é que todos nós podemos ter nos tornado "preguiçosos com o ritmo" devido à quantidade excessiva de tempo que passamos interagindo por telas, algo que já acontecia muito antes da pandemia. Entretanto é inegável que o ensino remoto abalou significativamente a capacidade das crianças de usarem o ritmo de forma apropriada em situações sociais. Enquanto aprendiam por meio de telas, o compasso de suas interações mudou drasticamente.[2] O Zoom, o FaceTime e outras plataformas de reuniões por vídeo têm atrasos e silêncios que não ocorrem em encontros presenciais — afinal, nas conversas da vida real, ninguém precisa fazer uma pausa para reativar o áudio antes de falar! Na internet, precisamos ajustar a dinâmica de nossa troca conversacional natural, e é bem mais difícil desenvolver um ritmo. Em interações presenciais, estamos constantemente captando nuances de fala e movimento, permanecendo alertas ao tempo dos outros e adaptando nossos próprios ritmos e movimentos para sermos compatíveis e permanecermos em sincronia; por outro lado, em interações virtuais, simplesmente não precisamos prestar atenção da mesma maneira. Como um de meus alunos compartilhou comigo durante um debate presencial em sala de aula: "Para ser sincero, adoro as aulas por Zoom. Eu consigo me safar de várias coisas que eu jamais sonharia em tentar fazer presencialmente."

Embora as dificuldades de uma criança com o ritmo possam causar transtornos na sala de aula e problemas sociais para ela ao interagir com colegas, a boa notícia é que o ritmo, assim como todas as competências não verbais, pode ser ensinado. E como esse canal tem um papel central nos outros canais não verbais, quando as habilidades são aprimoradas, é provável que a criança avance nas muitas outras capacidades necessárias para ter sucesso nos relacionamentos. Na orquestra da comunicação não verbal, o ritmo é o maestro, ajudando a manter a sincronia de todos os instrumentos. Por sorte, há muito que podemos fazer para ajudar as crianças a aprender e melhorar nesse quesito. É isso que este capítulo ajudará você a fazer.

POR QUE O RITMO É IMPORTANTE

Talvez você esteja surpreso por eu ter dedicado este primeiro capítulo ao tema do ritmo. Se eu lhe perguntasse qual a forma mais importante de comunicação não verbal, imagino que sua resposta provavelmente seria "linguagem corporal" ou "expressões faciais". Mas, na verdade, o ritmo apresenta consequências mais abrangentes para as interações sociais do que qualquer outro canal não verbal, porque é a habilidade mais usada e, ao mesmo tempo, a (provavelmente) menos reconhecida e valorizada.

Seria impossível explicar e enfatizar todas as maneiras com que o ritmo — definido como um padrão claro, regular e repetido de movimentos e sons — permeia nossas vidas.[3] A renomada poeta Maya Angelou supostamente disse que "tudo no universo tem ritmo, tudo dança", e ela tem razão; entranhados em tantos aspectos de nossa vida que tendemos a notar os ritmos apenas quando são abalados. Nós dormimos e acordamos segundo o ritmo do sol nascendo e se pondo. Nós nos vestimos segundo o ritmo das mudanças de temperatura e estações. Nós levamos nossos filhos para a escola, pegamos o ônibus ou o trem para o trabalho e tomamos nossa primeira xícara de café mais ou menos no mesmo horário, todos os dias.

Além da rotina diária, cada um de nós nasce com temperamentos diferentes ou com um ritmo geneticamente determinado para reagir emocionalmente ao mundo. O sol nasce ao mesmo tempo para todos

RITMO

nós, mas alguns acordam empolgados e prontos para enfrentar o dia enquanto outros se escondem embaixo das cobertas e voltam a dormir. Há pessoas com temperamento calmo, com humores parecidos com a batida estável de um tambor, enquanto outras são mais voláteis, como um tambor acompanhado pelos tinidos agudos do címbalo. E desenvolvemos esses temperamentos desde muito jovens; se entrarmos em uma sala de pré-escola, imediatamente veremos que algumas crianças interagem com mais facilidade e têm mais energia, enquanto outras tendem a ser mais cuidadosas, tímidas, se entrosando aos poucos. Em outras palavras, seres humanos são criaturas de ritmo.[4]

Esses ritmos físicos e biológicos com frequência passam despercebidos, mas, ainda assim, nos são profundamente intrínsecos; tanto que podemos ter dificuldade em adaptar nosso ritmo natural para acomodar o dos demais.[5] É provável que pessoas que preferem a solidão tenham dificuldade em entrar no ritmo de um escritório — ainda mais quando forçadas a permanecer na companhia de colegas na manhã de uma segunda-feira, após um fim de semana tranquilo em casa. E pessoas extrovertidas e cheias de energia podem achar complicado desacelerar para se adequar ao ritmo de um colega com um temperamento mais reservado.

Quando estamos dessincronizados com o ritmo de outra pessoa, tendemos a manifestar reações negativas, mesmo sem entendermos a causa do desconforto. Por exemplo, se você passou o dia inteiro no escritório e está focado em um projeto com um prazo apertado, pode ter dificuldade em passar do "ritmo de trabalho" para o "ritmo de casa" mais tranquilo, adotado por seu cônjuge ao chegar do próprio emprego algumas horas antes. Talvez você acabe frustrado por causa disso, e ele se frustre com você também. Quando pessoas que falam

77

devagar e pessoas que falam rápido se encontram, talvez seus ritmos não entrem em sincronia, causando ruídos na comunicação.

O ritmo também afeta a linguagem verbal. Quando queremos transmitir nossa empolgação de forma eficaz, geralmente falamos mais rápido e nossos gestos se tornam exagerados. Por outro lado, se tentarmos transmitir nossa animação devagar, sem gestos, a mensagem se torna confusa e difícil de entender.

Porém, quando *estamos* sincronizados com os outros, nossas interações melhoram muito, em parte porque isso ajuda a alinhar diversos canais não verbais. Ao fazermos uma caminhada com um amigo, por exemplo, esperamos que a outra pessoa acompanhe nosso ritmo andando ao nosso lado, não atrás ou à nossa frente. Se diminuirmos o passo, ela diminui o passo. Em uma situação como essa, é comum que exista uma sincronia de posturas e gestos, do volume da voz e até de expressões faciais.

Manter o mesmo ritmo que o outro durante uma caminhada é sinal de um relacionamento compartilhado, e quanto melhor conhecemos alguém, maiores são as chances de nos entendermos de forma pouco consciente; por outro lado, quando caminhamos com alguém que acabamos de conhecer, podemos não seguir no mesmo passo com a mesma facilidade.

Esses ritmos tão sutis, porém cruciais, são inicialmente aprendidos com a família, e então modificados durante interações na escola, em atividades extracurriculares ou durante o tempo passado com outros amigos e parentes. Ao interagir com pessoas cujos ritmos variam em compasso, tempo e padrão de fala e movimentos, crianças aprendem como seguir e se adaptar a uma variedade mais ampla de ritmos e a desenvolver ritmos próprios mais sofisticados.

RITMO

Devido ao papel fundamental do ritmo nos relacionamentos, a ausência dele costuma ser um sinal confiável de problemas sociais nas crianças. Relacionamentos giram em torno de conexões, mas crianças precisam estar sincronizadas para estabelecê-las de forma promissora. Durante toda a infância, elas precisam ir aprimorando o ritmo para iniciar e manter amizades individuais; à medida que vão envelhecendo, erros de ritmo vão ganhando proporções mais flagrantes, ainda mais após começarem a socializar em grupos maiores. Se elas não desenvolverem essas competências, como Isobel, podem acabar fora de compasso com os colegas de classe e se sentindo excluídas por causa disso.

A boa notícia é que já foi observado que crianças em idade escolar que dominam essas habilidades têm comportamentos sociais mais positivos e uma possibilidade maior de forjar amizades significativas no futuro. Em parte, isso acontece porque a capacidade de prestar atenção em outra criança gera a base para outras habilidades importantes, como saber escutar e ter empatia, essenciais para o aprofundamento de conexões.[6] A sensibilidade ao ritmo também está associada à capacidade da criança de aprender a linguagem verbal e adquirir competências de leitura: quanto mais sensível, melhor é a capacidade de leitura e o uso de linguagem verbal.

O RITMO NA PRIMEIRA E SEGUNDA INFÂNCIAS

Estudos demonstram que crianças são capazes de identificar e usar o ritmo desde o início da vida. Bebês caem no sono mais rapidamente quando expostos a ritmos parecidos com os batimentos cardíacos da mãe.[7] Quando ninamos nenéns, cantamos uma cantiga ou damos tapinhas em suas costas enquanto falamos com eles, usamos o ritmo não apenas para criar uma conexão e acalmá-los, mas também para mostrar que estão protegidos e são amados.[8] Isso ajuda a explicar por que os filhos de pais que se matricularam no programa federal americano Head Start, onde aprendiam a interagir de forma mais ativa e a encorajar seus bebês e crianças pequenas com conversas, danças e cantos, terminaram o Ensino Médio com mais autocontrole e autoestima do que a maioria — e, por sua vez, se tornaram pais mais carinhosos e atenciosos.[9]

DICAS PARA AJUDAR A INSTAURAR UM SENSO DE RITMO EM CRIANÇAS MUITO PEQUENAS

1. Incentive a percepção

Uma forma excelente de tornar seu filho pequeno consciente do ritmo é simplesmente mostrar pessoas que caminham, correm, dirigem ou falam em um ritmo regular. Ajude-o a perceber quando sons ou movimentos acontecem rápido ou devagar: "O cachorro está correndo muito rápido!" ou "Esta fila está andando muito devagar". Com o tempo, ele desenvolverá uma percepção mais aguçada de como o ritmo e o compasso estão presentes em várias atividades diárias.

2. Comece a ensinar alternância o mais rápido possível

Mesmo que você não tenha percebido, algumas de suas primeiras interações com seu bebê foram o começo do aprendizado dele de uma habilidade rítmica muito importante: a alternância. Quando você fazia

RITMO

barulhos bobos para o bebê e era respondido com sons gorgolejantes, isso era o início da troca ritmada tão necessária para a comunicação e a conexão.

Na primeira infância, é importante reforçar a alternância, ainda mais à medida que a criança vai crescendo. Com 2 anos, a maioria delas tenta monopolizar o ritmo das interações e geralmente não gostam de esperar por uma resposta. Durante essa fase, seu próprio ritmo pode ser constantemente interrompido pelas exigências e necessidades urgentes do seu filho. Você pode ajudá-lo a aprender a respeitar o ritmo dos outros ao ensiná-lo a não interromper as pessoas e esperar a vez de falar. Quando a criança pequena conseguir esperar pelo momento adequado, reforce seu contentamento com elogios verbais e sorrisos — e, às vezes, com uma guloseima. Use seus filhos mais velhos e seu cônjuge ou companheiro como exemplos de alternância. O tempo investido em ensinar essa habilidade durante os anos pré-escolares será recompensado quando a criança passar a frequentar uma instituição de ensino em tempo integral e precisar se conectar com colegas por conta própria.

3. Cantem e dancem juntos

Por gerações, pais e avós cantaram cantigas de ninar para bebês e crianças pequenas, embalando-os no colo e fazendo mímicas para ilustrar as letras. Embora essas canções tenham saído um pouco de moda, elas ainda servem a um propósito importante: ensinar ritmo às crianças. "Nana neném", "Se essa rua fosse minha" e "Alecrim dourado" ainda são ótimas formas de apresentar seu filho aos padrões ritmados da fala. Quando ele tiver idade suficiente, você pode cantar um verso e pedir para que ele o repita. Crianças adoram ouvir essas canções repetidas vezes e com frequência pedirão para que você toque ou cante a mesma música sem parar — para elas, esse tipo de repetição é reconfortante.

Da mesma maneira, colocar uma música para dançarem juntos é uma ótima forma de aumentar o senso de ritmo. Peça a seu filho para se mover junto com a música e então o imite, alternando quem começa os movimentos. Resista à tentação de segurar as mãos ou os braços da criança e movê-la no tempo na batida. Apesar de parecer que isso ajudará a incutir um senso de ritmo em seu filho, o aprendizado será mais eficiente se ele puder passar pelo processo de entender a batida por conta própria. Um grupo de música ou dança como o Music Together (veja o quadro) é outra ótima maneira de garantir que seu filho seja exposto ao ritmo desde pequeno.

4. Comece uma batida e peça para seu filho acompanhá-la.

Assim como fiz com Isobel — a criança que mencionei no início do capítulo —, você pode pedir para seu filho imitar sua batida em um tambor, com bastões de madeira ou até com duas colheres. Comece com um ritmo simples, estável, e lentamente aumente a complexidade até a criança ter dificuldade em acompanhá-lo. Depois, você pode pedir a ela para determinar um ritmo e acompanhá-la. Então erre de propósito para ver se a diferença é percebida.

5. Evite ou limite telas

A Academia Americana de Pediatria aconselha que crianças não sejam expostas a telas antes de terem entre 18 e 24 meses, exceto por conversas por vídeo, e que crianças com idades entre 2 e 5 anos devem

RITMO

passar menos de uma hora por dia expostas a telas. Todos nós podemos demonstrar hábitos saudáveis em relação ao uso de telas ao guardá-las durante refeições e enquanto interagimos com crianças. Isso dará a elas mais oportunidades para notar os ritmos das interações humanas ao redor e para praticar a arte essencial de entrar em sincronia com os outros.

COMPONDO BELAS CANÇÕES JUNTOS

Fundado em 1987 por Kenneth Guilmartin, o Music Together é um programa educacional de música presente em todo o território dos Estados Unidos que apresenta a linguagem musical para bebês e crianças muito pequenas.[10] Ouvi falar do Music Together por vários pais e professores que elogiavam a eficiência de seus métodos no ensino dos elementos básicos da música para crianças, porém, quanto mais eu escutava a respeito, mais me convencia de que ele também seria útil para ensinar às crianças sobre o fluxo ritmado das interações humanas. Por sorte, uma das melhores amigas do meu filho é professora veterana do programa, então perguntei a ela se eu poderia assistir a uma aula.

O evento aconteceu em uma igreja metodista de tijolinhos, com um campanário, em uma bela manhã ensolarada. Cheguei cedo para observar os momentos antes do início da aula. Os pais foram enchendo o espaço, segurando a mão de crianças pequenas ou com bebês no colo — aquela era a primeira aula do curso, e todos pareciam um pouco nervosos. Quando nos demos conta, Gloria, a professora, já estava começando a cantar, nos convidando para nos movermos junto com a música. Todos rimos, um pouco ansiosos, porém o ritmo e o movimento nos tornaram mais confiantes.

Não demorou muito para sermos orientados a nos sentarmos em círculo. A idade das crianças variava entre 8 meses e cerca de 3 anos. Algumas não conseguiam ficar paradas por mais de alguns minutos antes de se levantarem com um pulo e saírem andando ou correndo, enquanto outras ficavam agarradas aos pais. Gloria começou a tocar a música "Oi" para cada criança — como todos usávamos etiquetas com nossos nomes, ela sabia como chamar cada um.

Então chegou o momento de batermos palmas e cantarmos um ritmo simples e fácil de lembrar. Nesse exercício, também foi o caso de algumas crianças participarem enquanto outras corriam pela sala ou permaneciam quietas e juntas aos pais. Após mais algumas músicas, todo mundo recebeu um pano esvoaçante e foi incentivado a ficar de pé e dançar enquanto o agitava. Alguns pais embalavam seus bebês enquanto se moviam e acenavam, outros seguravam os filhos com as duas mãos e se balançavam no ritmo da música. Havia crianças de pé, copiando os movimentos dos pais, enquanto outras permaneciam senta-das, olhando para cima e movendo a cabeça no ritmo. Nenhuma delas chorava; foi ótimo.

Enquanto eu dançava, percebi que as crianças não eram as únicas que estavam aprendendo; os pais também descobriam como demonstrar ritmo para os filhos e se tornavam mais cientes do ritmo natural das crianças, além do próprio. Tom Foote, criador e desenvolvedor do programa Rhythm Kids — uma ala do Music Together dedicada a crianças mais velhas — gosta de dizer que "o ritmo une as pessoas!", e eu concordo. Com exercícios que enfatizam a alternância durante a produção da música, a repetição e a prática, as crianças não apenas ganham conhecimento musical, como também aprendem a prestar atenção e a reconhecer os ritmos ao redor, ajustando os próprios de acordo com os dos outros.

Alguns meses depois, tive a oportunidade de voltar à aula de Gloria para observar a evolução de pais e crianças. Fiquei sentado observando enquanto todos cantavam, dançavam e conversavam sobre como eram no começo do curso e o quanto tinham mudado. E, nossa, como tinham! Não havia mais sinal da hesitação entre as crianças e os pais que observei na primeira aula; todos pareciam bem mais confortáveis. Embora ainda houvesse momentos de um caos incrível, alternâncias e compartilhamentos apropriados agora eram a norma. Porém, foram os pais que mais me impressionaram. Sentado com eles, vendo-os interagindo com os filhos, concluí que eu estava testemunhando um ciclo de aprendizado. Sim, as crianças aprendiam, mas, ao mesmo tempo, era impossível não perceber que os adultos também passavam pelo mesmo processo, compreendendo como exibir o que as crianças precisavam ver, ouvir e fazer para se integrarem a um grupo social. Seus gestos eram mais exagerados; as posturas, mais eretas; as vozes, mais firmes; a presença, mais efusiva. Mesmo sem a música, havia um ritmo maravilhoso nas interações. Eu queria ter filmado o grupo conversando após o fim da aula, porque imagino que as pessoas ficariam surpresas ao ver o quanto tinham aprendido sobre a música das interações sociais.

A ORQUESTRA SILENCIOSA

O RITMO NA TERCEIRA INFÂNCIA

Imagine uma criança pequena — vamos chamá-la de Ella — no primeiro dia do jardim de infância. Dá tudo certo pela manhã: a garotinha encontra sua nova sala de aula com facilidade e cumprimenta com alegria a nova professora e os colegas de turma. Porém, na hora do recreio, sai para o parquinho imenso e imediatamente se sente atordoada e tem até um pouco de vontade de voltar para casa. As crianças correm por todo canto e gritam — mas Ella não é assim. A menina prefere caminhar, pensar e falar baixo. Determinada a fazer amizade, tenta se juntar a um grupo brincando de pega-pega, mas, mesmo tentando acompanhar a brincadeira, acaba reagindo devagar aos movimentos rápidos das outras crianças, que logo param de incluí-la e a deixam de lado. "Eles não gostam de mim", conclui Ella, presumindo que as outras crianças a rejeitaram por sua personalidade, sem perceber que simplesmente não está no mesmo ritmo dos colegas.

Na terceira infância, que é o momento em que as crianças começam a forjar amizades significativas, o ritmo faz parte de todas as etapas dos relacionamentos, especialmente na fase da *iniciativa*. Se uma criança não estiver em sincronia com as outras, pode perder o melhor momento para iniciar uma amizade.

No entanto, se tiver dificuldade para acompanhar o ritmo dos colegas em determinado contexto — como correr pelo parquinho —, isso não necessariamente significa que a habilidade está pouco desenvolvida; apenas que o ritmo natural da criança não se encaixa com o de um grupo específico ou com a atividade em si. Enquanto Ella segue triste para um banco, querendo sentar e descansar, percebe que não está sozinha. Ao seu lado, surge uma menina da sua turma. As duas trocam um olhar tímido e sorriem.

RITMO

— Oi, eu sou a Zoe — diz ela. — Posso me sentar com você? Não gosto de ficar correndo.

As duas meninas se sentam no banco e, de repente, Ella perde o medo e a vontade de voltar para casa. Elas passam o restante do recreio conversando.

Todos nós já passamos pela experiência de "nos enturmarmos" com alguém já no primeiro contato, mas talvez não tenhamos identificado o papel do ritmo nessa sensação de conexão instantânea. Pesquisas mostram que a sincronicidade — ou a mistura do nosso próprio ritmo com o de outra pessoa — pode ser crucial para oferecer o conforto necessário para impulsionar uma relação.[11] No caso de Ella e Zoe, seus ritmos compatíveis imediatamente criaram uma conexão.

Tenha em mente que nem todo mundo vai seguir o mesmo ritmo. Assim como aprender a modulá-los para se encaixar em determinadas situações, simplesmente estar ciente do próprio ritmo natural ajudará seu filho a aprender a encontrar e iniciar relações com alguém que siga um compasso semelhante.

Depois de começarem uma amizade e a aprofundarem com o tempo, as crianças precisarão aprender um ritmo diferente na fase da *transição*. Quando o fim do dia ou do ano letivo chegar, o ritmo que a maioria das crianças usa para iniciar e aprofundar uma conexão no parquinho, pode ser enérgico demais para as interações que devem ocorrer em despedidas. Para Ella e Zoe, isso pode significar um aceno hesitante e um "até amanhã" ao fim do primeiro dia de aula, e um abraço caloroso e promessas de se encontrarem durante as férias ao fim do ano.

A TERCEIRA INFÂNCIA também é o momento em que crianças começam a perceber o tempo. Nunca me esquecerei do dia em que levei meu neto,

Soren, então com 6 anos, para jogar basquete no parque, quando ele se virou para mim e perguntou:

— Em que ano estamos?

Respondi que era 2012.

— Vovô, sempre é 2012? — perguntou ele.

Depois que as crianças começam a frequentar a escola, o tempo rapidamente se torna parte do ritmo que molda suas rotinas.[12] Apesar de pesquisas mostrarem que bebês de até 6 meses de idade notam certas durações de tempo mais longas e mais curtas, a percepção de anos, horas e minutos só começa a acontecer por volta dos 6 anos, a idade do meu neto na época em que me fez essa pergunta.[13]

Na terceira infância, esta compreensão se torna extremamente importante para manter a sincronia com os ritmos do cotidiano. Gostando ou não, ser pontual é importante em nossa sociedade; essa habilidade afeta como as pessoas nos enxergam e o quanto querem interagir com a gente. Embora atrasos não sejam tão malvistos em alguns países da América Latina e da Ásia, o tempo governa o ritmo diário das vidas nos Estados Unidos. Crianças em idade escolar precisam entender que um convite de "Vamos nos encontrar às 15h no parque" para outra família é um pedido para que essas pessoas interrompam o próprio ritmo para acomodar o nosso, e isso significa que precisamos chegar na hora combinada.

Crianças na terceira infância precisam aprender a interpretar e expressar indicativos de tempo, ou terão graves problemas sociais na adolescência, quando se espera que cheguem à escola no horário certo e façam tarefas de casa dentro do prazo, uma vez que serão avaliadas com base na capacidade de administrar o próprio tempo. Professores com frequência comentam comigo como é frustrante lidar com

RITMO

crianças que não conseguem obedecer a indicativos de tempo, como o sinal que anuncia o fim da aula ou instruções associadas ao tempo como "apenas mais um minuto, e então larguem a caneta".

Parte do problema é que adultos e crianças percebem o tempo de formas diferentes.[14] No geral, o tempo passa mais devagar para as crianças; se você pedir para uma delas ficar sentada em silêncio por dez minutos, esse intervalo pode parecer uma hora. E pesquisas mostram que, se pedirmos a uma criança para fechar os olhos e abri-los após um minuto, ela os abrirá cerca de quarenta segundos depois. Seguindo a mesma tarefa, um adulto manterá os olhos fechados por setenta segundos. Talvez agora você consiga entender por que seu filho pergunta "Já estamos chegando?" em viagens de carro minutos após terem saído de casa. Momentos como esse são oportunidades ideais para ensinar sobre o tempo.

DICAS PARA AJUDAR SEU FILHO COM O RITMO NA TERCEIRA INFÂNCIA

1. Observe como o ritmo afeta seu filho em uma variedade de situações

Como o ritmo é aprendido informal e indiretamente, talvez você ainda não tenha compreendido o nível de habilidade do seu filho. Para tal, o primeiro passo é observar a criança interagindo com adultos e colegas. Seu filho parece dessincronizado com os outros durante brincadeiras, festas ou atividades? Ele termina atividades antes ou depois de todo mundo? Se ele faz aulas de música, você já notou que ele parece não entrar na batida nem seguir o ritmo dos colegas? Ele fica para trás ou sai correndo na frente quando está caminhando em grupo ou em uma fila com outras crianças? Ele vive interrompendo os outros enquanto fala? Apesar de muitos desses comportamentos serem bem normais para crianças pequenas, você pode ajudá-las a corrigi-los com incentivos cuidadosos, e elogios quando elas conseguirem seguir o ritmo dos outros. Se você tiver outros filhos, observe como os irmãos interagem. Mas tenha em mente que há uma boa chance de eles terem temperamentos e ritmos diferentes. Não há nada de errado nisso, contanto que eles aprendam a reconhecer os outros ritmos que os cercam e consigam se ajustar para acompanhar os outros quando necessário.

2. Ajude seu filho a desenvolver uma percepção do tempo

Uma maneira fácil de pais ajudarem crianças a compreender esse ritmo especial que comanda nossas vidas é simplesmente falando sobre o assunto. Pergunte ao seu filho quanto tempo demora o trajeto de casa para algum outro destino, como a escolinha de futebol, atividades esportivas, festas de aniversário ou quanto tempo vocês demorariam para irem andando até o parque. A ideia é criar oportunidades para a criança prestar atenção na passagem de tempo.

Outra maneira é usando um quadro de gerenciamento de tempo. Você e seu filho podem criar uma estimativa de tempo para a realização das tarefas diárias. Talvez sejam dez minutos para se vestir e cinco para arrumar a cama. Se ele tiver dificuldade em seguir o cronograma, use um cronômetro para que possa entender quanto tempo *de fato* essas tarefas exigem. Isso fará com que o tempo se torne algo mais concreto e compreensível para a criança. Se preferir, ofereça recompensas simples para tarefas feitas no tempo planejado, mas não exagere, visto que estamos falando de expectativas adequadas para a idade.

Embora os professores estejam começando a ensinar os elementos básicos do tempo na escola, criar uma base de compreensão prévia não faz mal. A partir dos 6 anos de idade, toda criança já pode ter um relógio de pulso e receber algumas instruções sobre o tempo dos pais. E lembre-se de ser um bom exemplo: se você disser para seu filho que irá ler uma historinha para ele dormir dentro de cinco minutos, certifique-se de demorar realmente apenas cinco minutos, não sete ou dez. E se disser que ele tem mais dez minutos para brincar no parquinho antes de irem embora, siga o combinado. A postura pode parecer rígida, mas, na verdade, você ensinará bons hábitos que ajudarão o desenvolvimento escolar e social da criança.

3. Escute música e dance com seu filho, ou matricule-o em uma escolinha de música ou dança

Com frequência, as atividades caseiras mais simples são as mais benéficas para crianças pequenas. Você pode matricular seu filho em uma escolinha de música ou dança para ajudá-lo a ter mais senso de ritmo, mas também pode dedicar um tempo a ouvir música e dançar junto com ele pela sala, ou tocar instrumentos. Os professores do Music Together e do Rhythm Kids são treinados para incentivar as crianças a moverem as mãos, os braços ou o corpo com a batida, a repetirem um padrão simples tocando percussão ou cantando, e a criarem um padrão simples para um adulto repetir. Você pode usar esses parâmetros em casa.

4. Converse com seu filho sobre ritmos e compassos diferentes

Uma das maneiras mais fáceis e eficientes de melhorar as habilidades de compasso das crianças é aumentar a percepção delas sobre os ritmos que as cercam e suas diferenças. Explique ao seu filho que alguns ritmos são estáveis, e outros, mutáveis. Um relógio batendo não pode ser modificado, mas os batimentos cardíacos podem acelerar ou diminuir; você pode andar mais rápido ou mais devagar, e pode falar em velocidades diferentes. Digamos que estejam assistindo a um desenho animado em que aparece um carro de corrida; pergunte ao seu filho como a velocidade do carro é diferente daquela de alguém caminhando. Fale sobre como certas situações exigem velocidades diferentes. Explique que correr é algo que só fazemos ao ar livre, e que as pessoas costumam falar rápido quando estão empolgadas, e devagar quando se sentem hesitantes ou nervosas.

5. Lembre ao seu filho tudo que ele aprendeu sobre respeitar a própria vez

Observe seu filho em situações diferentes para ver como ele lida com a alternância. Por exemplo, se estiver dando carona para um coleguinha da escola e escutar as duas crianças conversando no banco de trás, preste atenção. Depois, após deixar o amigo em casa, ofereça um parecer, como "Gostei de ver você esperar seu amigo terminar de falar para respondê-lo" ou "Percebi que você interrompeu seu amigo antes de ele terminar de falar. Da próxima vez, tente responder só depois de ele acabar". Você também pode servir de exemplo nas suas próprias conversas, e até usar momentos e cenas de filmes e de programas de televisão para ilustrar o tópico. O horário das refeições é outra boa oportunidade de praticar a alternância. Chame a atenção para mudanças de ritmo e tom de voz que sinalizam que alguém terminou de falar e está pronto para ouvir uma resposta, e mostre como assentir

RITMO

com a cabeça e manter contato visual também ajudam a identificar quando chegou seu momento de falar.

6. Matricule a criança em atividades esportivas ou assistam a esportes juntos

Praticamente todos os esportes exigem que os jogadores sigam ritmos específicos. Sendo assim, ao matricular seu filho em uma atividade como futebol ou beisebol, você o ajudará a aprender a entrar em sincronia com os outros. Em casa, quando estiverem assistindo a esportes na televisão, chame a atenção dele para os ritmos que acontecem. Por exemplo, durante uma partida de beisebol, os batedores lentamente se alongam, movem o bastão, afrouxam e apertam as luvas, buscando uma posição confortável, e testam o bastão algumas vezes antes de seguirem para a posição de espera do lançamento da bola. Após a acertarem, eles subitamente saem correndo para a primeira base, e os defensores entram em ação. Isso pode ajudá-lo a perceber como as mudanças de ritmo são uma parte intrínseca do jogo, assim como da vida.

QUANDO A AJUDA DE ESPECIALISTAS É NECESSÁRIA?

Caso você perceba que seu filho está consistentemente dessincronizado dos outros — e não melhorou após treinar por cerca de um mês com as dicas apresentadas aqui—, talvez seja o momento de consultar um especialista. Conversar com o professor do seu filho seria um bom ponto de partida. Pergunte se ele notou alguma dificuldade da criança com o ritmo da classe e se tem alguma sugestão sobre o que pode ser feito. Em outros casos, o professor pode ter sido o primeiro a notar os problemas e a chamar sua atenção para elas. De toda forma, caso você suspeite, assim como eu suspeitei de Isobel, que o ritmo é uma questão complicada para seu filho, procure um profissional para avaliar as capacidades psicológicas básicas da criança, ou um especialista em transtornos de aprendizagem que possa avaliar habilidades de interpretação. Exames podem incluir a escala BRIAN-K (Entrevista de Avaliação Neuropsiquiatra sobre Ritmo Biológico para Crianças, na sigla em inglês), por meio da qual o avaliador examina a capacidade da criança de identificar e expressar ritmos.[15]

Profissionais envolvidos no ensino de música e dança oferecem diversos testes formais para analisar as capacidades rítmicas dos alunos, e muitos deles costumam ser úteis para avaliar competências não verbais também.

· · ·

COMO VOCÊ ACABOU de ver, estamos imersos em um mar de ritmos diferentes que, apesar de invisíveis, têm consequências poderosas para nossos relacionamentos. Em contraste, as expressões faciais, o próximo canal não verbal do qual iremos abordar, são fáceis de enxergar, mas também causam um forte impacto em nossa capacidade de forjar conexões.

CAPÍTULO 4

Expressões faciais

Sorria, e o mundo vai sorrir com você

LEMBRO COMO SE TIVESSE SIDO ONTEM — APESAR DE TER ACONTECIDO HÁ QUASE 40 anos. Eu estava exausto. Naquele dia, tive uma carga horária dupla de aulas, encontros com meus alunos da pós-graduação e um conselho de classe aparentemente interminável para debater requisitos curriculares. Após um trajeto um tanto tenso pela estrada interestadual para voltar para casa, eu finalmente tinha chegado, ansioso para passar tempo com minha esposa e meu filho Andy, ainda um bebezinho de um mês e meio. Eu e minha esposa tínhamos feito um curso pré-natal para nos prepararmos para a gravidez e o nascimento dele, mas um curso pós-natal, que não existia, também teria sido útil. Nós partíamos do pressuposto que poderíamos apertar um botão imaginário e automaticamente entendermos como distrair nosso bebê, porém o tal botão ainda não havia aparecido. Nós vivíamos tentando cantar, sorrir e fazer caras engraçadas para interagir com Andy, mas, até então, não recebíamos muitas reações além de choro, sonecas e fraldas sujas. Acima de tudo, queríamos ser bons pais e nos esforçávamos para isso, porém a verdade era que tínhamos que entender sozinhos o caminho para tal, o que acabava sendo um tanto cansativo.

Como eu tinha chegado do trabalho, o turno era meu. Sendo assim, fui até o quarto do bebê e o encontrei acordado, com a fralda suja. Eu o levei ao trocador. Enquanto tirava a fralda fedida, fiquei batendo papo com Andy, como sempre fazia, e perguntei — como se ele fosse me responder —: "De quem é esse garotão? O papai não merece um sorrisão hoje depois de trabalhar tanto?" Foi então que aconteceu. Andy começou a balançar os bracinhos e as perninhas, e *sorriu para mim*, pela primeira vez. De repente, meu o cansaço tinha desaparecido. Chamei minha esposa, que obviamente veio correndo para ver o que acontecia, e, após alguns minutos, Andy nos deu outro sorriso miraculoso para saborearmos. Nunca me esqueci desse momento. Antes de me tornar pai, eu jamais imaginaria o impacto emocional que uma simples expressão facial seria capaz de causar em mim. Com essa troca de sorrisos, nos conectamos de um jeito novo, empolgante, até então inédito.

Talvez o sorriso seja a forma de conexão humana mais importante. E não é por acaso que o sorriso de um bebê é tão poderoso. Uma pesquisa elaborada pelo cientista Morten Kringelbach e seus colegas do Departamento de Psiquiatria da Universidade de Oxford observou que os sorrisos e a fofura geral parecem afetar o cérebro dos tutores ao acionar os sistemas de prazer do cérebro — os mesmos acionados por experiências como comer algo gostoso e ouvir boa música.[1] Claramente, sorrir é um dos presentes que a evolução deu aos bebês; a expressão permite que eles interajam e se conectem com seus cuidadores, garantindo, portanto, sua sobrevivência.

EXPRESSÕES FACIAIS

Sorrisos conectam pais e filhos. O primeiro sorriso do dia às cinco da manhã nos traz alegria mesmo quando a nossa vontade é voltar a dormir; o sorriso de "olá" quando voltamos para casa nos anima mesmo nos dias mais difíceis. Ao passo que os filhos vão crescendo, sorrisos continuam essenciais para formar e manter outros relacionamentos fora da unidade familiar. No estágio da iniciativa da amizade, o sorriso de uma criança mostra para a outra que ela quer interagir mais. Em conversas, usamos sorrisos para mostrar que gostamos de passar tempo com a outra pessoa e que desejamos fazer isso de novo. Se eu pudesse oferecer apenas um conselho para pais ajudarem seus filhos a se tornarem socialmente bem-sucedidos, seria o seguinte: "Ensine-os a sorrir, e a sorrir muito."

Pesquisas comprovam essa recomendação: sorrisos podem ser o melhor previsor de felicidade e ajuste social de uma criança. Estudos mostram que crianças que sorriem com mais frequência têm uma relação melhor com os colegas, não apenas com aqueles que já conhecem, mas também quando iniciam novas relações.[2] E o poder de um sorriso *verdadeiro* se perpetua pela vida adulta. Os psicólogos LeeAnne Harker e Dacher Keltner observaram em um estudo longitudinal que mulheres cujos sorrisos foram classificados como mais "verdadeiros" em fotos de anuários universitários tinham casamentos mais felizes e duradouros, além de apresentarem resultados melhores em testes que avaliavam o bem-estar e a felicidade *30 anos depois.*[3]

Sorrisos tendem a ser uma expressão natural durante a primeira infância. De acordo com um estudo com 1,4 milhões de participantes em 166 países, crianças pequenas sorriem mais do que qualquer outro grupo de diferentes faixas etárias, com uma média de 200 vezes por dia. Esse número vai diminuindo ao longo da terceira infância até a vida adulta, chegando a apenas cerca de 20 sorrisos por dia aos 23 anos, talvez porque seja nessa fase da vida em que as preocupações e responsabilidades da vida adulta ganham força.[4]

Nunca entendi tão bem a importância dos sorrisos do que quando retornei à sala de aula após semanas e meses dando aulas remotas. Quando entrei no espaço, me deparei com 16 alunos de máscara, todos em silêncio. Em vez do burburinho usual de conversas animadas, enquanto todo mundo batia papo e trocava histórias sobre as férias, o clima era quase pesado. Eu me senti péssimo. Um dos meus alunos resumiu perfeitamente o desconforto: "Sinto saudade dos sorrisos."

No fim das contas, há bons motivos científicos para nos sentirmos perdidos e desconfortáveis quando usamos máscaras, pois, como determinou o psicólogo do desenvolvimento Claus-Christian Carbon, entre 60 e 70% do rosto é relevante para transmitirmos expressões emotivas.[5] Como cientista, me interessei por descobrir exatamente quanto da mensagem emocional é perdida com o uso de máscaras. Com colegas, decidi fazer um experimento com o teste da Análise Diagnóstica da Precisão Não Verbal (DANVA, na sigla em inglês), que desenvolvi com meu colega Marshall Duke, e avalia a capacidade de identificar emoções em fotos de adultos e crianças exibindo expressões faciais diferentes — durante uma fase do experimento, cobrimos a parte inferior dos rostos fotografados com máscaras. Ao comparar o desempenho das pessoas ao reconhecer emoções nos rostos mascarados e nos sem máscara, conseguimos distinguir quais emoções se tornavam mais difíceis de detectar quando a parte inferior do rosto estava coberta. Curiosamente, o medo foi a única emoção que os participantes conseguiram reconhecer de forma consistente, com ou sem máscara. Isso provavelmente aconteceu porque trata-se de uma emoção "facial superior", transmitida principalmente pelos olhos, e não "facial inferior", que é transmitida pela boca. Por outro

EXPRESSÕES FACIAIS

lado, a expressão "feliz" foi difícil para a maioria das pessoas, já que costuma ser (obviamente) indicada por um sorriso. A raiva e a tristeza também foram difíceis de ler sem a vantagem da face inferior, ainda mais quando as expressões eram mais discretas.[6] Levando em consideração que felicidade, raiva e tristeza são, a princípio, as emoções mais comuns que sentimos, há muitas oportunidades para cometer erros.

Não é de se admirar que o uso de máscaras em salas de aula, apesar de necessário para a saúde e a segurança, tenha causado uma infinidade de problemas de comunicação entre professores e jovens estudantes no começo da pandemia. Uma professora da terceira série me contou sobre uma interação diferente que teve com uma menina de 8 anos que se aproximou cheia de vergonha de sua mesa e perguntou:

— Professora, você está com raiva da gente?

— Com raiva? — respondeu a professora, completamente surpresa.

— Não, claro que não. Por que você acha isso?

A menina explicou:

— Quando você inclina a cabeça para o lado, parece que está irritada com a gente.

Como as expressões faciais mascaradas da professora eram mais difíceis de interpretar, os alunos eram obrigados a analisar a postura dela — um canal não verbal menos observado, ainda mais em sala de aula, e, portanto, mais passível de erros — para determinar como a professora se sentia. Infelizmente, a mensagem que a garotinha interpretou a partir da cabeça inclinada da docente estava errada e poderia ter prejudicado a relação das duas. Embora as máscaras, e o isolamento social da pandemia no geral, tenham roubado das crianças oportunidades de vivenciar interações sociais que ensinam o significado de expressões faciais, especialmente as mais sutis, as que faziam a transição da segunda para a terceira infância provavelmente foram as mais afetadas. Enquanto elas fazem a transição da terceira infância para a adolescência, pais e professores podem ajudá-las a compensar o tempo perdido ensinando diretamente as habilidades envolvidas tanto na interpretação quanto na expressão de emoções por esse canal não verbal.

Porém a pandemia não é o único motivo para tantas crianças estarem demorando a desenvolver a competência de interpretar e transmitir emoções por expressões faciais. Como todo pai sabe, as crianças de hoje passam menos tempo interagindo pessoalmente e mais grudadas em telas, e isso já acontecia antes mesmo da pandemia — um problema exacerbado pelo fato de que muitos adultos ao redor delas provavelmente estão usando telas em um nível semelhante, portanto oferecendo menos oportunidades para exibirem expressões faciais apropriadas, visto que nosso rosto costuma ficar inexpressivo ao encarar celulares ou notebooks. E quando a criança se comunica com os colegas e adultos por mensagens de texto, é claro que as expressões faciais não fazem diferença.

Embora os emojis tenham sido concebidos para facilitar a expressão de emoções em e-mails e mensagens, é importante lembrar que, apesar de muitos serem semelhantes a rostos, nosso cérebro não os interpreta da mesma maneira. Quando vemos uma emoção sendo expressada na vida real, as áreas do cérebro que interpretam sentimentos são acionadas. Mas o cérebro processa emojis como um gráfico — absorvemos as informações em um nível intelectual, não emocional. Mesmo que um emoji pareça uma comunicação não verbal, ele não é.[7] É impossível determinar se a mensagem é sincera ou não, sarcástica ou não. Em vez de esclarecer mensagens verbais, emojis e emoticons enfatizam aquilo que já está óbvio nas palavras que usamos. Minha recomendação, portanto, é que sejam usados com parcimônia em comunicações

EXPRESSÕES FACIAIS

com crianças na terceira infância, e que adultos verifiquem se elas entendem o significado emocional dos símbolos que recebem e enviam.

O Zoom e outros tipos de reuniões virtuais são outro desafio para o desenvolvimento não verbal infantil. Afinal de contas, as expressões faciais no Zoom não são iguais às que usamos pessoalmente. Nessas interações virtuais, permanecemos imóveis por boa parte do tempo, encarando a tela e recebendo olhares em troca. Isso é o oposto do que costuma acontecer quando duas pessoas interagem cara a cara. No Zoom, afastar o olhar enquanto alguém fala é considerado rude, mas é completamente aceitável desviar o olhar de alguém durante uma conversa no mundo real. Na verdade, se uma pessoa nos encarar por tempo demais durante uma interação ao vivo, podemos nos sentir incomodados. Nesse caso, nos movemos e nos remexemos, oferecendo diferentes perspectivas de nossas expressões faciais para nossos interlocutores, e podemos nos aproximar ou nos afastar uns dos outros, dependendo do que acontecer. A necessidade de manter contato visual prolongado com um rosto desincorporado e extremamente próximo não existe fora do Zoom. Sendo assim, crianças que passam tempo demais nesse ambiente virtual estão perdendo um tempo em que poderiam estar praticando o contato visual adequado presencialmente.

Por sorte, pesquisas mostram que, quando professores recebem instruções sobre como usar expressões faciais (e gestos) em suas aulas por Zoom, os alunos se mostram mais propensos a reter informações acadêmicas e a ter melhores resultados em avaliações do que estudantes cujos professores não receberam treinamento. Quando comparados com este segundo grupo, eles não apenas aprenderam mais, como também gostavam mais dos professores.[8]

Embora sorrisos e contato visual sejam extremamente importantes, essas não são as únicas expressões faciais que usamos. Mostrarei neste capítulo, temos toda uma gama de expressões à disposição. Como um pintor, precisamos usar todos esses diferentes tons para transmitir emoções e termos sucesso em interações com terceiros. E embora a maioria dos bebês e crianças pequenas tenha o instinto de sorrir — assim como de fazer caretas, biquinhos e franzir a testa — sem precisar que ninguém lhes ensine essas coisas, a capacidade de usar ou interpretar outras expressões faciais não é algo que surge de forma natural. Este capítulo mostrará como você pode ajudar seu filho a se expressar melhor com traços faciais e, por sua vez, como interpretar as expressões de outras pessoas.

POR QUE AS EXPRESSÕES FACIAIS SÃO IMPORTANTES

Apesar de ter passado décadas estudando a comunicação não verbal, foi apenas há alguns anos que realmente entendi o quanto dependemos de expressões faciais para nos conectarmos com os outros. Fui convidado para dar uma palestra sobre comunicação não verbal para um grupo de pessoas diagnosticadas com um transtorno congênito um tanto raro e potencialmente debilitante chamado síndrome de Moebius. Além de outros sintomas, o distúrbio é caracterizado pela incapacidade de variar expressões faciais devido à falta de enervação de músculos faciais. Quando me levantei para começar a palestra, olhei para as expressões impassíveis, emocionalmente inexpressivas, das pessoas na plateia, sem conseguir determinar se elas estavam interessadas, contentes, entediadas, irritadas ou insatisfeitas comigo, um desconhecido que vinha falar sobre um assunto do qual elas entendiam melhor do que eu jamais seria capaz. Foi então que percebi, de

EXPRESSÕES FACIAIS

um jeito que nunca esqueci, como relacionamentos deviam ser difíceis para aquele grupo de pessoas — e o quanto elas eram corajosas por continuarem buscando conexões.

As expressões faciais são decisivas para relacionamentos porque têm uma função importantíssima: enviar e receber informações emocionais. A maioria das pessoas carrega as emoções estampadas no rosto. Quando nos comunicamos, constantemente enviamos sinais por meio de nossas expressões faciais, não importa se estamos falando ou em silêncio. Temos uma quantidade surpreendente de 43 músculos diferentes no rosto, que nos permitem produzir mais de 10 mil expressões perceptíveis que transmitem uma variedade impressionante de emoções. Até um simples sorriso pode ser complexo, exigindo o uso de olhos, boca e outros movimentos faciais. No fim das contas, há pelo menos 19 tipos diferentes de sorriso — cada um com um significado distinto —, e, surpreendentemente, apenas seis comunicam que uma pessoa está se divertindo![9]

Para sermos completamente expressivos, podemos franzir o nariz e a testa, erguer as sobrancelhas, fazer biquinho e usar os olhos para comunicar o que sentimos. Quando estamos cara a cara com alguém, constantemente analisamos o rosto da pessoa em busca de sinais e informações. Nosso interlocutor está se sentindo entediado ou cansado? Curioso ou hesitante? Focado ou confuso? Enojado ou com raiva? Empolgado ou tenso? Para alguém com pouca habilidade para interpretar expressões faciais, o nojo pode parecer raiva, a curiosidade facilmente é mal compreendida como ceticismo, e assim por diante. As expressões também podem variar em intensidade, indo desde um sorrisinho irônico rápido até um sorriso largo e demorado — citando apenas dois exemplos entre as inúmeras maneiras como podemos usar o rosto para nos expressarmos.

A ORQUESTRA SILENCIOSA

A parte curiosa é que, apesar da complexidade das expressões faciais, a maioria das crianças não aprende seu significado na escola. Em vez disso, elas acabam precisando entender essa importante forma de comunicação por conta própria, às vezes cometendo alguns erros pelo caminho.

Ao contrário dos aspectos muito ignorados do ritmo, que acontecem fora de nossa atenção consciente, expressões faciais são difíceis de ignorar; elas estão literalmente bem na nossa cara, para todos verem e interpretarem. Porém, enquanto os *outros* enxergam nossas expressões, nós não as vemos, e, como resultado, costumamos não saber qual é a aparência do nosso rosto quando sentimos raiva, felicidade, surpresa, e assim por diante — e mesmo quando não sentimos qualquer emoção intensa. Compreender os sinais enviados com a própria linguagem facial é uma habilidade complexa que crianças (e adultos) só conseguem adquirir com tempo e prática.

No geral, psicólogos concordam que as expressões faciais são bem mais poderosas do que as palavras que usamos.[10] Por exemplo, quando alguém diz que está se divertindo enquanto exibe uma expressão deprimida no rosto, você terá uma tendência bem maior a acreditar no que diz o rosto do que as palavras. Para complicar a questão, talvez seja mais fácil manipular expressões faciais do que qualquer outro recurso não verbal. Desde os 4 anos, crianças já conseguem produzir uma expressão feliz convincente para esconder seus verdadeiros sentimentos.[11] Na verdade, às vezes adultos ensinam *de propósito* crianças a esconderem o que sentem dessa maneira, pedindo para que sorriam e agradeçam por presentes indesejados em vez de permitir que fiquem de cara emburrada, cenho franzido e fazendo biquinho, por exemplo. Muitos dos aspectos do nosso treinamento inicial naquilo que poderia ser incluído sob a classificação de "educação" ou "traquejo social" são,

EXPRESSÕES FACIAIS

na verdade, instruções para que as crianças escondam as emoções por meio das expressões faciais, e o tempo só faz com que elas se aperfeiçoem nisso. Porém, embora existam momentos em que conseguimos esconder nossos sentimentos, não podemos esconder o fato de que nosso rosto está expostos para todo mundo ver.[12]

Talvez por serem tão visíveis, cientistas realizaram mais estudos sobre expressões faciais do que sobre todos os outros canais não verbais juntos, com mais de 15 mil artigos tendo sidos publicados nos últimos dez anos (segundo uma pesquisa no PubMed). A tendência moderna de estudar expressões faciais começou no século XIX, com o médico francês Guillaume-Benjamin-Amand Duchenne, que estimulava o rosto de pacientes com eletricidade para entender quais músculos participavam de expressões específicas. Seu trabalho originou a expressão "sorriso de Duchenne", que se refere a um sorriso verdadeiro que vai até os olhos. As fotografias que Duchenne tirou de seus pacientes também inspirou o estudo *A expressão das emoções no homem e nos animais*, de Darwin, no qual ele sugeria que sete emoções básicas eram transmitidas de maneira semelhante em todas as culturas do mundo: alegria, tristeza, raiva, medo, nojo, surpresa e desdém.[13]

Desde então, houve muitas discussões sobre a possibilidade de essas expressões serem de fato universalmente reconhecidas, e parece que origens culturais têm um papel importante na forma como reconhecemos emoções nos outros, ainda mais quando essas expressões são menos intensas. Estudos conduzidos pelo psicólogo Paul Ekman na década de 1960 apoiaram a sugestão de Darwin sobre a existência de emoções reconhecidas por todos, porém pesquisas posteriores parecem sugerir que, enquanto expressões faciais mais marcantes são familiares em todas as culturas, muitas das mais sutis usadas em interações rotineiras são determinadas e modificadas de acordo com nossas origens.[14]

A ORQUESTRA SILENCIOSA

O psicólogo intercultural David Matsumoto e seus colegas, por exemplo, observaram que norte-americanos consideram as mesmas expressões de felicidade, tristeza e surpresa com mais intensidade do que a maioria dos japoneses, que expressam essas emoções de forma mais discreta. Matsumoto sugere que isso acontece porque os japoneses aprendem a ser menos emotivos desde muito pequenos.[15] Outro estudo observou que chineses usam mais os olhos ao se comunicarem por expressões faciais, enquanto pessoas nascidas nos Estados Unidos e na Europa se mostram mais propensas a usar as sobrancelhas e a boca.[16]

Se você for branco, é ainda mais importante estar ciente de preconceitos raciais inconscientes que possam afetar sua capacidade de interpretar expressões faciais de forma adequada. Na verdade, pesquisas mostram que norte-americanos brancos são menos aptos a interpretar emoções nas expressões faciais de norte-americanos negros do que na de outros brancos. Além disso, quando interpretaram errado as emoções no rosto de pessoas negras, demonstraram uma alta propensão a identificar uma raiva inexistente — o que obviamente oferece consequências graves para crianças negras em suas interações com colegas brancos (assim como com professores, agentes de segurança pública e outros adultos).[17] Em um estudo recente conduzido pela psicóloga do desenvolvimento Amy Halberstadt e seus colegas, quando 178 futuros professores, predominantemente brancos, precisaram identificar emoções em fotos de 72 crianças diferentes, eles identificaram expressões faciais de raiva nas crianças negras mesmo quando elas demonstravam outras emoções. É por isso que oficinas e cursos para professores, focados em gerar conscientização sobre preconceitos raciais na comunicação não verbal, deveriam ser obrigatórios, assim como são para a comunicação verbal nos Estados Unidos, e é por isso que pais também devem conscientizar os filhos sobre preconceitos desde pequenos.[18]

No geral, nossa capacidade de interpretar emoções nas expressões faciais é melhor quando lidamos com pessoas mais íntimas, principalmente parentes, e com frequência pessoas que fazem parte de nosso grupo cultural e racial. Sendo assim, é importante estar sempre ciente da possibilidade de cometer erros e reforçar essa consciência em nossos filhos, explicando que pessoas diferentes têm formas diferentes de se comunicar e que, ao iniciar novos relacionamentos, devemos ir devagar e com calma para termos certeza de que estamos interpretando corretamente as emoções do outro.

EXPRESSÕES FACIAIS NA PRIMEIRA
E SEGUNDA INFÂNCIAS

Fiquei extasiado ao ver meu filho sorrindo para mim quando ele ainda não tinha nem completado dois meses de vida. Assim como outros bebês, ele chegou ao mundo com visão fraca e pouca habilidade de controlar as próprias expressões faciais ou de reagir às dos cuidadores. Com o tempo, no entanto, o cérebro dos bebês se desenvolve em reação às pessoas ao redor, e, após cerca de dois meses, começam a nos reconhecer e a agir de acordo com o que veem. Com o tempo, passam a sorrir sozinhos e a nos convidar a sorrir também. Isso é a interação social em sua forma mais básica. Não há consenso entre os psicólogos sobre se a capacidade de identificar emoções nas expressões faciais dos outros ocorre antes ou depois de expressar emoções próprias, porém é comum que ambas surjam entre as primeiras quatro a seis semanas de vida.

A ORQUESTRA SILENCIOSA

Embora algumas expressões faciais básicas já venham de fábrica desde o nascimento, é principalmente pelas interações com cuidadores que crianças muito pequenas aprendem a notar emoções por indicativos faciais. No começo, por instinto, adultos usam expressões exageradas, extravagantes, ao socializarem com crianças, que vão se tornando naturalmente mais sutis à medida que elas crescem e se tornam mais adeptas a entender as emoções básicas de felicidade, tristeza, raiva e medo no rosto de seus cuidadores. Mesmo antes de a criança ser capaz de usar palavras ou entender conceitos, ela é capaz de detectar muita coisa simplesmente olhando para o rosto de adultos — é assim que identifica se está segura ou não. Um estudo até mostrou que bebês podiam ser incentivados a engatinhar por um caminho com um buraco imenso no meio — que, na verdade, estava coberto por uma placa de acrílico — se houvesse uma mãe do outro lado incentivando-os com sinais não verbais por meio de expressões faciais e entonação.[19]

No final do primeiro ano de vida da criança, ela começará a buscar no rosto dos outros por pistas sobre como regular o próprio comportamento emocional. Isso se chama "referência social". Por exemplo, se você exibir uma expressão preocupada no rosto, é provável que seu filho também comece a se preocupar. Em algum momento entre 9 e 18 meses de vida, cuidadores e bebês se tornam envolvidos na "atenção conjunta", que Amy Halberstadt, professora da Universidade Estadual da Carolina do Norte que estudou comunicação não verbal por décadas, identificou como um dos mais importantes marcadores não verbais de desenvolvimento.[20]

Isso ocorre quando o tutor e a criança trocam um olhar e então focam um objeto — um cachorro, por exemplo —, e o tutor olha para o cachorro, depois sorri para a criança e diz "Olha o au-au"; então, os

EXPRESSÕES FACIAIS

dois se viram para o animal, e o tutor continua repetindo a palavra "au-au". É uma interação aparentemente simples, mas que tem consequências importantes para o aprendizado de sinais não verbais e da linguagem verbal. O sorriso faz a criança se sentir segura, a palavra "au-au" se torna associada ao cachorro que se aproxima, e, com a repetição, o termo se torna parte do vocabulário da criança. (Como uma vantagem adicional, a criança pode passar a associar sentimentos felizes à presença de cachorros.)

Também é uma interação unicamente humana.[21] Cientistas que assumiram a tarefa de criar um macaco junto com uma criança humana observam que os primatas filhotes conseguem executar muitas das tarefas de desenvolvimento melhor do que bebês humanos, mas, quando se trata da "atenção conjunta", eles não se equiparam aos pares humanos.[22]

Entre os 6 e 18 meses de vida, crianças frequentemente passam a usar o canal não verbal do toque e analisam o rosto dos outros com as mãos. Poucas experiências são mais adoráveis do que um bebê empurrando os cantos da sua boca para cima na tentativa de criar um sorriso e caindo na gargalhada quando conquista o objetivo. Durante essa fase, é preciso ter em mente que crianças muito pequenas têm uma capacidade muito maior de se comunicarem por expressões faciais do que de interpretá-las, como mostrou um estudo conduzido pela psicóloga do desenvolvimento Tiffany Field.[23] Curiosamente, nessa idade, elas têm mais dificuldade para transmitir e interpretar as emoções negativas do que as positivas. Embora seu filho consiga sentir quando há algo errado, talvez ele ainda não consiga diferenciar expressões de tristeza, raiva e medo. Como a incapacidade de comunicar emoções negativas de forma correta pode causar desentendimentos até para crianças muito pequenas, é importante manter essa discrepância em mente e fazer questão de enfatizar expressões faciais diferentes e seus significados.

Cuidar de uma criança pequena pode ser emocionalmente desafiador e fazê-lo experimentar inúmeros sentimentos ao longo de um dia; às vezes, as emoções vão mudar a cada minuto. Como bebês, crianças pequenas e até as maiores, na pré-escola, ainda não têm a capacidade de sanar as próprias necessidades, elas estão o tempo todo exigindo algo dos adultos ao redor. É impossível não ficar frustrado, irritado ou nervoso em certos momentos com tantas interrupções, mas em vez de tentar ignorar esses sentimentos, aproveite-os como oportunidades de aprendizado: chances para mostrar como é a aparência dessas emoções negativas, assim como a melhor maneira de lidar com elas. Em momentos de irritação, diga ao seu filho: "Estou irritado agora. Aposto que você consegue ver isso no meu rosto. Vou me sentar um pouco até me sentir melhor. Quando eu acabar, vou voltar, e meu rosto vai estar bem mais animado."

DICAS PARA AJUDAR SEU FILHO MUITO PEQUENO COM EXPRESSÕES FACIAIS

1. Pratique várias expressões faciais por conta própria

A principal maneira de bebês e crianças na segunda infância aprenderem a se expressar por esse canal (e por outros) é imitando os cuidadores. Como a maioria dos adultos não passa muito tempo analisando as próprias expressões faciais, é importante passar um tempo se olhando no espelho para avaliar sua capacidade de expressar felicidade, tristeza, raiva e medo. Então mostre sua recém-descoberta

EXPRESSÕES FACIAIS

expressividade ao seu filho. Outra vantagem é que, quanto maiores e mais exageradas forem suas expressões faciais com crianças muito pequenas, mais elas irão se conectar e interagir com você.

2. Pratique várias expressões faciais com seu filho

Assim como todos os canais não verbais, expressões faciais raramente são aprendidas de maneira direta — mas podem ser. No caso dos bebês, brincadeiras simples como esconde-esconde e "Quem é esse no espelho?" podem ajudá-los a ganhar prática na interpretação de rostos e a compreender como a própria face também transmite emoções. À medida que a criança cresce e adquire linguagem, você pode continuar exibindo caretas para ela e a incentivando a fazê-las com graus diferentes de intensidade (por exemplo, um rosto "bravo", depois um rosto "muito bravo", depois um rosto "só um pouquinho bravo").

Também é possível ensinar algumas regras gerais sobre o contexto em que essas expressões são adequadas ou inapropriadas. Por exemplo, "Você acabou de ganhar o sorvete enorme que queria e está muito feliz. Faça uma cara feliz!" Então: "Caramba! Você deixou seu sorvete cair no chão, não dá mais para comê-lo, e você ficou muito triste. Faça uma cara triste." Desse jeito, a criança começará a associar expressões faciais com sentimentos e com as situações em que pode usar esses sinais não verbais para se expressar.

3. Use fotografias

Você pode olhar fotos em seu celular com a criança, pedindo para que ela encontre e identifique expressões diferentes, e então conecte-as às emoções relevantes, como "A vovó está sorrindo, então está feliz";

"meu irmão está emburrado, então está chateado". Crianças pequenas tendem a gostar de fazer poses e tirar fotos, então você pode até brincar de "modelo e fotógrafo", alternando entre tirar fotos sorrindo, fazendo careta, exibindo surpresa ou medo. Então analisem juntos as fotos, conversem sobre as emoções diferentes e se vocês tiveram sucesso em transmiti-las.

4. Leia livros de figuras e converse sobre as emoções no rosto dos personagens

Muitos livros infantis têm personagens que se lançam em jornadas emotivas ao longo da narrativa. Enquanto lê para seu filho, sempre que uma emoção for exibida no desenho, destaque-a e peça para que ele a identifique. Os livros da série "O elefante e a porquinha", escritos e ilustrados por Mo Willems, são especialmente bons para essa tarefa. Após terminar a história, converse com a criança sobre como o elefante Geraldo se expressa tanto com o rosto quanto usando palavras, e como sua melhor amiga, a Porquinha, responde. Então vocês podem brincar de imitar o rosto dos personagens no livro.

Cantar cantigas de ninar antigas também pode ser um bom recurso. Quando chegar ao fim da música, peça para a criança expressar (de forma não verbal) a emoção presente no final. O que ela acha de o cravo ter um desmaio e a rosa pôr-se a chorar? Ela consegue fazer uma expressão facial que demonstre essa emoção?

5. Preste atenção nas suas próprias expressões faciais quando estiver perto do seu filho pequeno

A maioria dos pais e cuidadores não têm consciência de quanta informação emocional os filhos — especialmente crianças muito

EXPRESSÕES FACIAIS

pequenas — detectam em suas expressões faciais. Caso você esteja incomodado com algo que não tem conexão alguma com seu filho — e seu rosto transparecer raiva, tristeza ou medo —, a criança pode reagir como se essas emoções fossem direcionadas a ela. (Às vezes, cometemos esse erro mesmo sendo adultos, quando nossos companheiros ou cônjuges estão chateados com algo que não têm ligação alguma conosco — entretanto, ao contrário do que acontece com crianças muito pequenas, podemos usar a linguagem verbal para analisar se as emoções são direcionadas a nós ou não.) Mantenha isso em mente quando você estiver com seu filho, e certifique-se de que suas expressões sejam consistentes com quaisquer mensagens que queira transmitir a ele.

6. Faça questão de sentar-se com seu filho durante as refeições

Uma forma simples, mas poderosa, de oferecer oportunidades adicionais para a criança observar e treinar expressões faciais é dando prioridade às refeições em família — e tornando a mesa de jantar uma área em que telas são proibidas. Pesquisas mostram que uma das melhores fontes de aprendizado não verbal é o tempo compartilhado entre a família durante refeições. Além disso, crianças cujas famílias comem juntas mais de três vezes por semana têm um desempenho escolar e relacionamentos melhores, são mais resilientes diante de adversidades e menos propensas a se meterem em encrencas.[24]

No horário das refeições, exemplifique expressões faciais apropriadas — e interações apropriadas no geral — para seu filho. Ao incluir outras pessoas, como parentes e amigos, você não apenas expõe seu filho a uma variedade maior de comportamentos e estilos não verbais, como também ilustra a dinâmica das relações e o quanto elas são importantes. Ainda me lembro do jantar em que meu avô me contou que ficou tão cativado pelo sorriso caloroso da minha avó na primeira vez que a viu, de longe, que precisou dar um jeito de ser apresentado a ela e conhecê-la melhor — era por causa daquele sorriso que eu existia! Refeições em família oferecem às crianças uma infinidade de oportunidades de aprendizado não verbal, e é importante fazer o esforço de incorporá-las à rotina.

EXPRESSÕES FACIAIS NA TERCEIRA INFÂNCIA

Eu conheci Michael, que estava na terceira série, quando visitei a escola dele a pedido da orientadora pedagógica, que não entendia por que o menino tinha tanta dificuldade em fazer amigos, sendo uma criança incrível. Em uma visita à escola, observei Michael sentado sozinho a uma mesa no refeitório durante o almoço, e sua expressão facial me chamou a atenção de imediato. A boca dele estava pressionada com força, e o nariz, franzido como se ele sentisse um cheiro ou um gosto terrível. Mais tarde, fui até ele e perguntei como ele estava se sentindo. Ele respondeu que não tinha um sentimento específico, apesar de sua expressão facial inconsciente mostrar outra coisa. Enquanto conversávamos, percebi que Michael não tinha a menor consciência do que seu rosto exprimia nem de como isso afastava seus colegas.

Na terceira infância, tudo que as crianças aprenderam sobre expressões faciais é colocado à prova quando elas começam a estudar em tempo integral. Antes disso, os pais costumam agir como professores, olhar para alguém varia entre dois e quatro segundos, e treine calcular períodos mais longos e mais curtos com ele.

Tenha em mente que, assim como outras expressões faciais, o contato visual pode ser determinado pela cultura. Nos Estados Unidos, crianças aprendem a sorrir e fazer contato visual para iniciar um relacionamento. No entanto, em alguns países da Ásia e do Oriente Médio, o contato visual direto é considerado falta de educação ou até uma agressão. Na cultura chinesa, crianças costumam ser instruídas a olhar para baixo ao interagir umas com as outras e principalmente com adultos, pois o contato visual é visto como um sinal de desrespeito. Professores e pais precisam estar cientes dessas diferenças e ajudar as crianças a entendê-las também.[26]

DICAS PARA AJUDAR SEU FILHO COM EXPRESSÕES FACIAIS NA TERCEIRA INFÂNCIA

1. **Observe o que diz o rosto do seu filho.**

    observe como seu filho age com um

---

apontando os erros dos filhos na interpretação e na expressão de emoções pelo rosto. ("Você não devia estar sorrindo, Cassie, isso vai deixar o Taylor chateado. Viu só? Agora ele está chorando.") Porém, quando a escola em tempo integral começa, os pais precisam dividir essa tarefa: primeiro com professores, depois com os colegas das crianças, que oferecerão feedbacks difíceis, porém potencialmente úteis, sobre o comportamento não verbal.

Na verdade, expressões faciais têm um papel importante no sucesso ou no fracasso de todas as quatro fases de relacionamentos (escolha, iniciativa, aprofundamento e transição). Nossa *expressão facial inconsciente*, aquela que o rosto exibe quando não sentimos uma expressão específica, é especialmente importante para escolhermos e iniciarmos relacionamentos de forma eficaz. Quando olhamos ao redor do salão em uma festa ou evento para decidir com quem gostaríamos de puxar papo, temos uma propensão maior a escolher alguém cuja expressão facial seja positiva e convidativa em vez de alguém que parece triste, assustado ou irritado. O mesmo vale para crianças.

Entender o que a expressão facial inconsciente transmite é fundamental para começar relações com o pé direito. A maioria de nós — incluindo os adultos — não tem a menor ideia de qual expressão facial que exibe em momentos de inatividade, mas, por sorte, há uma solução fácil para essa questão. No caso de Michael, após o problema ser explicado, treinamos algumas expressões diferentes no espelho, e ele conseguiu ajustar as dele de modo a transmitir melhor seus sentimentos. E segundo o relatório subsequente da orientadora pedagógica, não demorou muito para ele começar a interagir mais com os colegas de classe.

O CONTATO VISUAL, UMA FORMA ESPECIAL DE EXPRESSÃO FACIAL

O contato visual é uma forma poderosa de comunicação, com regras muito rígidas para a maneira e o tempo que passamos encarando uns aos outros. Caso você já tenha tido uma conversa em que a outra pessoa passou a interação inteira o fitando diretamente, sem quebrar o contato visual, sabe o quanto isso pode ser desconfortável. Por outro lado, se alguém evita contato visual por completo, essa pessoa pode parecer dissimulada ou nervosa. Sendo assim, é necessário encontrar um ponto de equilíbrio.

O contato visual é algo difícil de ensinar, porque é intuitivo e depende do contexto. Quanto o contato visual é exagerado e quanto é muito pouco? Quando devemos olhar para o rosto da outra pessoa e quando afastar o olhar? Como demonstramos interesse no que é dito sem deixar a outra pessoa desconfortável com excesso de atenção? Aqui vai como explicar as regras do contato visual em termos simples para seu filho: "Você deve passar mais tempo olhando para as outras pessoas quando estiver escutando do que quando estiver falando."

No capítulo anterior, sugeri que o ritmo e a percepção de tempo estavam frequentemente interligados com os outros canais de comunicação não verbal, e o contato visual é um deles. Se quisermos que os relacionamentos de nossos filhos comecem bem e tenham chance de se aprofundar no futuro, devemos incentivá-los a aprender o tempo apropriado para fazer e interromper o contato visual.

Na verdade, a duração do contato visual é tão importante quanto a frequência com que ele acontece. Dois a quatro segun-

dos é considerado aceitável. Menos é "evasivo", e mais, "invasivo". No geral, crianças (e adultos) devem seguir a regra do 50/70. Isto é, fazer contato visual por cerca de 50% do tempo enquanto fala, e mais ou menos 70% do tempo enquanto escuta.[25]

Exibir boas práticas de contato visual para seu filho é algo que pode ser feito desde o primeiro dia. Com bebês, olhe nos olhos deles enquanto os alimenta, os coloca para dormir e brinca. Quando uma criança pequena pedir por comida ou por um brinquedo, espere até ela fazer contato visual antes de responder, e, ao ensiná-la a dizer "por favor" e "obrigado", mostre que essas expressões devem ser acompanhadas por contato visual. Deixar de lado as telas para aproveitar momentos com seu filho também oferecerá mais oportunidades para ensinar como o contato visual deve ser feito.

Como observado previamente, apesar de mais de um ano de aulas por Zoom ter interferido na capacidade de muitas crianças de usar o contato visual de forma correta, crianças mais velhas podem aprender essas habilidades de forma direta. Caso seu filho em idade escolar afaste o olhar enquanto fala com você, diga algo como "Você está conversando com a parede, e eu estou aqui". Também é possível reforçar positiva

EXPRESSÕES FACIAIS

apontando os erros dos filhos na interpretação e na expressão de emoções pelo rosto. ("Você não devia estar sorrindo, Cassie, isso vai deixar o Taylor chateado. Viu só? Agora ele está chorando.") Porém, quando a escola em tempo integral começa, os pais precisam dividir essa tarefa: primeiro com professores, depois com os colegas das crianças, que oferecerão feedbacks difíceis, porém potencialmente úteis, sobre o comportamento não verbal.

Na verdade, expressões faciais têm um papel importante no sucesso ou no fracasso de todas as quatro fases de relacionamentos (escolha, iniciativa, aprofundamento e transição). Nossa *expressão facial inconsciente*, aquela que o rosto exibe quando não sentimos uma expressão específica, é especialmente importante para escolhermos e iniciarmos relacionamentos de forma eficaz. Quando olhamos ao redor do salão em uma festa ou evento para decidir com quem gostaríamos de puxar papo, temos uma propensão maior a escolher alguém cuja expressão facial seja positiva e convidativa em vez de alguém que parece triste, assustado ou irritado. O mesmo vale para crianças.

Entender o que a expressão facial inconsciente transmite é fundamental para começar relações com o pé direito. A maioria de nós — incluindo os adultos — não tem a menor ideia de qual expressão facial que exibe em momentos de inatividade, mas, por sorte, há uma solução fácil para essa questão. No caso de Michael, após o problema ser explicado, treinamos algumas expressões diferentes no espelho, e ele conseguiu ajustar as dele de modo a transmitir melhor seus sentimentos. E segundo o relatório subsequente da orientadora pedagógica, não demorou muito para ele começar a interagir mais com os colegas de classe.

O CONTATO VISUAL, UMA FORMA ESPECIAL DE EXPRESSÃO FACIAL

O contato visual é uma forma poderosa de comunicação, com regras muito rígidas para a maneira e o tempo que passamos encarando uns aos outros. Caso você já tenha tido uma conversa em que a outra pessoa passou a interação inteira o fitando diretamente, sem quebrar o contato visual, sabe o quanto isso pode ser desconfortável. Por outro lado, se alguém evita contato visual por completo, essa pessoa pode parecer dissimulada ou nervosa. Sendo assim, é necessário encontrar um ponto de equilíbrio.

O contato visual é algo difícil de ensinar, porque é intuitivo e depende do contexto. Quanto o contato visual é exagerado e quanto é muito pouco? Quando devemos olhar para o rosto da outra pessoa e quando afastar o olhar? Como demonstramos interesse no que é dito sem deixar a outra pessoa desconfortável com excesso de atenção? Aqui vai como explicar as regras do contato visual em termos simples para seu filho: "Você deve passar mais tempo olhando para as outras pessoas quando estiver escutando do que quando estiver falando."

No capítulo anterior, sugeri que o ritmo e a percepção de tempo estavam frequentemente interligados com os outros canais de comunicação não verbal, e o contato visual é um deles. Se quisermos que os relacionamentos de nossos filhos comecem bem e tenham chance de se aprofundar no futuro, devemos incentivá-los a aprender o tempo apropriado para fazer e interromper o contato visual.

Na verdade, a duração do contato visual é tão importante quanto a frequência com que ele acontece. Dois a quatro segun-

EXPRESSÕES FACIAIS

dos é considerado aceitável. Menos é "evasivo", e mais, "invasivo". No geral, crianças (e adultos) devem seguir a regra do 50/70. Isto é, fazer contato visual por cerca de 50% do tempo enquanto fala, e mais ou menos 70% do tempo enquanto escuta.[25]

Exibir boas práticas de contato visual para seu filho é algo que pode ser feito desde o primeiro dia. Com bebês, olhe nos olhos deles enquanto os alimenta, os coloca para dormir e brinca. Quando uma criança pequena pedir por comida ou por um brinquedo, espere até ela fazer contato visual antes de responder, e, ao ensiná-la a dizer "por favor" e "obrigado", mostre que essas expressões devem ser acompanhadas por contato visual. Deixar de lado as telas para aproveitar momentos com seu filho também oferecerá mais oportunidades para ensinar como o contato visual deve ser feito.

Como observado previamente, apesar de mais de um ano de aulas por Zoom ter interferido na capacidade de muitas crianças de usar o contato visual de forma correta, crianças mais velhas podem aprender essas habilidades de forma direta. Caso seu filho em idade escolar afaste o olhar enquanto fala com você, diga algo como "Você está conversando com a parede, e eu estou aqui". Também é possível reforçar positivamente o contato visual ao usar frases como "Adoro quando você olha para mim enquanto eu falo" e "Obrigado por olhar para mim; agora consigo ver esses seus lindos olhos castanhos e isso me ajuda a entender como você se sente".

Ensine também sobre a diferença entre encarar e fitar; quem sabe uma competição de olhar sem piscar ajude a ilustrar sua explicação. Então, fale que a quantidade correta de tempo para olhar para alguém varia entre dois e quatro segundos, e treine calcular períodos mais longos e mais curtos com ele.

Tenha em mente que, assim como outras expressões faciais, o contato visual pode ser determinado pela cultura. Nos Estados Unidos, crianças aprendem a sorrir e fazer contato visual para iniciar um relacionamento. No entanto, em alguns países da Ásia e do Oriente Médio, o contato visual direto é considerado falta de educação ou até uma agressão. Na cultura chinesa, crianças costumam ser instruídas a olhar para baixo ao interagir umas com as outras e principalmente com adultos, pois o contato visual é visto como um sinal de desrespeito. Professores e pais precisam estar cientes dessas diferenças e ajudar as crianças a entendê-las também.[26]

DICAS PARA AJUDAR SEU FILHO COM EXPRESSÕES FACIAIS NA TERCEIRA INFÂNCIA

1. Observe o que diz o rosto do seu filho.

Na próxima oportunidade, observe como seu filho age com um grupo de crianças na mesma faixa etária. Observe-as enquanto comem, brincam e conversam umas com as outras para ver como ele usa as expressões faciais para transmitir emoções. Ele faz contato visual com os outros ou passa muito tempo olhando para o lado ou para o chão? Ele presta atenção à expressão facial das outras crianças, talvez se aproximando para brincar de alguém que parece triste? Ele sorri com empolgação quando alguém o inclui em uma brincadeira? Também é importante descobrir o que a expressão facial inconsciente do seu filho

EXPRESSÕES FACIAIS

transmite. Observe situações em que ele está olhando pela janela ou sentado em silêncio com um livro, e analise a expressão dele nesses momentos, ou procure em fotos para ver se ele exibe alguma expressão característica quando não está olhando para a câmera ou fazendo pose. Então observe que emoção essa expressão parece comunicar.

2. Use histórias

Uma forma de ensinar seu filho sobre expressões faciais é usando histórias. Se a criança contar sobre algo que aconteceu na escola, você pode perguntar: "E como fulano se sentiu com isso?" e "Qual foi a sua impressão?". Explique que situações diferentes exigem expressões diferentes. Você pode dizer: "Um jeito legal de cumprimentar um amigo é abrindo um sorrisão" ou "Se o seu amigo estiver triste, você pode fazer uma cara triste para mostrar que entende como ele se sente". Quando vocês estiverem lendo livros ou revistas juntos, pergunte o que cada expressão transmite. Outra ideia é assistir a programas de televisão ou filmes com a criança e tirar o som para ela se concentrar nas expressões faciais. Pause em vários momentos e pergunte o que ela acha que o personagem está sentindo, e por quê. Novelas são uma fonte especialmente boa de expressões faciais com todos os níveis de intensidade — apenas certifique-se de que os temas sejam apropriados para a faixa etária do seu filho!

3. Converse com seu filho sobre a expressão facial inconsciente dele

Primeiro, apresente o conceito de expressão facial inconsciente e explique como é importante exibir uma que seja feliz e receptiva, para que os outros queiram se aproximar para brincar. Mostre fotos da expressão facial inconsciente dele ou peça que identifique a expressão facial inconsciente dos outros quando estiverem caminhando na rua ou usando o transporte público. Então, peça para que treine diferentes versões da própria expressão facial no espelho e conversem sobre o que transmitem.

4. Matricule seu filho em aulas de teatro ou improvisação

Uma escolinha de teatro ou atuação é uma ótima maneira para as crianças aprimorarem as habilidades com expressões faciais, uma vez que, obviamente, esse é um dos principais recursos usados por atores para transmitir as emoções dos personagens. Quando a criança aprende a comunicar os sentimentos do seu personagem para a plateia, ela também está aprendendo a se expressar fora do palco.

5. Quando a ajuda de especialistas é necessária?

Caso você acredite que seu filho tem muita dificuldade com expressões faciais, ele pode fazer o teste da Análise Diagnóstica da Precisão Não Verbal (DANVA, na sigla em inglês) com um profissional. Especialistas usam esses resultados para identificar quais emoções as crianças conseguem ou não identificar (tanto em alta quanto em baixa intensidade).

· · ·

A MAIORIA DE nós sabe muito bem que as expressões faciais têm um papel importante nas interações sociais, mas tendemos a prestar menos atenção ao espaço físico que essas mensagens emocionais percorrem. Ainda assim, a capacidade de seguir as regras comuns que regem o espaço pessoal influenciam nossas relações, como você verá no próximo capítulo.

CAPÍTULO 5

Espaço pessoal

Proximidade tem limite

TODA TERÇA-FEIRA, NOS ÚLTIMOS 27 ANOS, SAIO DO CAMPUS DA EMORY E SIGO de carro para o centro de Atlanta para conversar com a equipe de um programa responsável por tratar crianças e adolescentes com transtornos emocionais graves. Devido à natureza dos diagnósticos, nunca sei bem o que esperar quando chego lá. Em uma manhã de primavera, entrei pelas portas principais e comecei minha ronda pelo prédio para falar com a equipe sobre quaisquer problemas que estivessem tendo com as crianças. Quando entrei em uma das salas de aula, um adolescente desengonçado de 14 anos, com mais de 1,80 metro, chamado Raul, se levantou da carteira na primeira fileira e veio em minha direção.

Observei a aproximação dele com interesse e esperei até que parasse e dissesse alguma coisa, porém ele continuou andando. Decidi permanecer onde estava e ver o quanto se aproximaria. Ele só parou quando nossos narizes estavam praticamente se tocando. A centímetros do meu rosto, disse:

— Bom dia, dr. Nowicki. Tudo bem?

Eu sentia o hálito dele, e era difícil manter seu rosto em foco.

— Tudo bem, Raul. Como você está? — indaguei.

— Também estou bem — respondeu. — O dia está bonito hoje, não é?

— Está, sim, mas ficaria ainda melhor se você desse só um passinho para trás. — Então pedi para ele esticar um braço e mensurar o espaço entre nós. — Essa, Raul, é a distância certa que você deve manter quando vai cumprimentar alguém.

Sem que eu soubesse, a equipe estava ajudando Raul a aprimorar as habilidades sociais — especialmente como ele cumprimentava os outros — e tinha decidido testar esses novos conhecimentos comigo. Só que, apesar de a equipe ter ensinado as palavras certas para Raul usar ao cumprimentar alguém pela manhã, se esqueceu do canal de comunicação não verbal igualmente importante que é o espaço pessoal: a bolha invisível entre nós e os outros, pela qual a maioria de nossas mensagens não verbais deve passar.

POR QUE O ESPAÇO PESSOAL É IMPORTANTE

Assim como outros animais, seres humanos evoluíram com um instinto natural de proteger seu território de invasores. Nós percebemos quando um desconhecido surge em nosso quintal. Ficamos preocupados quando um carro que nunca vimos para diante de nossa casa (mesmo que ele só esteja fazendo um retorno). Quando convidamos amigos para o jantar ou damos uma festa, não acharíamos legal se encontrássemos alguém revirando as gavetas do nosso quarto. E somos

ESPAÇO PESSOAL

igualmente possessivos com nosso espaço pessoal, o campo de força portátil que se estende do nosso corpo para o mundo social.

Quando alguém invade nosso espaço, como Raul fez comigo, é comum termos uma reação de "fuga", um reflexo a ameaças. Nós nos encolhemos ou damos um passo para o lado; tentamos recuperar o espaço que perdemos. Michael Graziano, um neuropsicólogo que estuda espaço pessoal, identificou os neurônios especializados no cérebro que ativam essa reação instintiva. Ele os chama de neurônios peripessoais e explica que agem como contadores Geiger, analisando a região ao nosso redor, reunindo informações relevantes sobre a distância de outras pessoas ou objetos, e acionando uma reação ao sentir que o espaço pessoal está sendo invadido.[1] Quer ver esse monitoramento em ação? Observe como multidões de pessoas atravessando uma rua de lados opostos evitam esbarrar umas nas outras — apesar de algumas delas não prestarem atenção por onde andam ou estarem até olhando para o celular. É bem impressionante.

Para ajudar meus alunos de psicologia na Emory a entender melhor o funcionamento de seus neurônios peripessoais e se tornarem mais cientes de seus limites de espaço pessoal, costumo propor uma simulação na sala de aula. Peço a dois alunos para ficarem em lados opostos da sala — a cerca de seis metros de distância — e então começarem a se aproximar um do outro. Eles devem parar assim que começarem a sentir desconforto. Em geral, os dois param a 1,20 metro do outro (apesar de isso variar dependendo do gênero e do histórico cultural). O que nunca muda, no entanto, é aquilo que os alunos fazem ao alcançar seu limite de conforto: não apenas eles param, como se balançam para trás, como se tivessem acertado uma barreira sólida.

Seu sistema de alerta neuronal peripessoal foi ativado, alertando-os sobre uma ameaça.

No dia a dia, sempre tentamos manter uma distância confortável dos outros. Mesmo quando não estamos cientes disso, constantemente ajustamos nossos cálculos dependendo de onde estamos, com quem estamos e como nos sentimos. Em momentos de ansiedade, nos afastamos dos outros para nos proteger. Em momentos de conforto e tranquilidade, permitimos que as pessoas se aproximem.

No livro *A dimensão oculta*, originalmente publicado em 1966, o antropólogo cultural Edward T. Hall descreveu as zonas de espaço pessoal que ainda são consideradas adequadas pela maioria dos norte-americanos.[2] A primeira delas é a *zona íntima*, que se estende até 45 centímetros. No geral, permitimos apenas amigos próximos e familiares nesse perímetro. Nós tendemos a trocar informações e sentimentos particulares dentro desse espaço, baixando a voz se houver mais pessoas na sala, nos certificando de que apenas os íntimos nos escutem. (Para crianças, aprender a controlar o volume da voz dentro dessa zona mais próxima pode ser difícil e talvez elas sussurrem alto.)

Logo após a zona íntima, temos a *região pessoal*, que se estende até cerca de 1,20 metro. Boa parte de nossas interações rotineiras ocorre dentro dela. Quando encontramos um conhecido na rua, essa costuma ser a distância geral que mantemos um do outro; a mesma que podemos ter ao falarmos com o vendedor de uma loja ou um vizinho na frente de casa. Apesar de precisarmos falar mais alto aqui do que na zona íntima, ainda é um espaço relativamente exclusivo. Se alguém passar por esse tipo de interação entre duas pessoas, pode até escutar o que está sendo dito, mas as regras da educação ditam que ela fará o máximo para ignorar a conversa e seguirá em frente.

ESPAÇO PESSOAL

A próxima zona é chamada por Hall de *espaço social*, que vai de 1,20 metro até cerca de 3,60 metros. Nós podemos aumentar a voz dentro dessa zona quando queremos que os outros nos escutem. Um guia de turismo ou um professor diante de vinte alunos utilizam essa zona. Como somos facilmente vistos e ouvidos nesse espaço, a tendência é que questões íntimas ou pessoais não sejam debatidas nele.

Por fim, temos a *zona pública*, que fica além do nosso limite de 3,60 metros da zona social. Eventos públicos, como palestras, ocorrem nesse espaço, porém ele não é condizente com muitas interações sociais. A essa distância, conseguimos interpretar a mensagem transmitida pela postura de alguém, porém gestos e comportamentos não verbais precisam ser mais exagerados para serem notados.

Independentemente da distância, os neurônios peripessoais estão o tempo todo monitorando cada uma dessas zonas em busca de sinais de perigo. Hall observa que compartilhamos com os animais a habilidade inata de estabelecermos com rapidez nosso nível de conforto com invasores; entretanto, ao contrário dos animais, aprendemos a modificar esses cálculos com base em experiências com nossas famílias, comunidades e normas sociais. Como resultado, o tamanho de nossas bolhas depende, em certo grau, dos comportamentos que observamos dentro de casa, assim como no país e na cultura em que nascemos. Por exemplo, pessoas criadas nos Estados Unidos e no Reino Unido têm bolhas de espaço amplas, enquanto pessoas da Europa Meridional e do Oriente Médio não se incomodam com uma proximidade maior.[3]

Às vezes, no entanto, somos obrigados a nos adaptar a situações em que nossa bolha é invadida por um completo desconhecido. Imagine que você esteja sozinho em um elevador. Sua postura está relaxada, levemente curvada. O elevador para em um andar, a porta se abre,

A ORQUESTRA SILENCIOSA

e a situação muda totalmente quando alguém entra. No mesmo instante, você se empertiga e, da mesma forma que o desconhecido, mentalmente divide o território do elevador em metades iguais, se recolhendo para seu lado por instinto. No entanto, à medida que mais pessoas entram, o elevador se torna lotado, forçando uma diminuição da sua bolha de espaço pessoal, permitindo que completos desconhecidos entrem em uma zona que, no geral, acionaria uma sensação de ameaça. Como conseguimos continuar no elevador sem que os neurônios peripessoais nos incentivem a fugir? Fazendo de tudo para nos convencermos de que estamos sozinhos. Olhamos diretamente para a frente, mantendo os olhos grudados nas portas, ou ficamos encarando o chão ou o celular. (Também fazemos uma versão disso por horas a fio quando sentamos ao lado de desconhecidos em aviões.) Na próxima vez que você estiver em um elevador com um monte de gente, vire a cabeça de leve (cerca de cinco graus) para a direita ou a esquerda e veja o que acontece. Esse discreto movimento destrói a ilusão de que você está sozinho — para todo mundo —, e é bem provável que você note uma reação não verbal um tanto agressiva da pessoa ao seu lado, uma expressão do tipo "Está olhando o quê?".

Enquanto Hall visualizava essas zonas como uma série de anéis concêntricos em que ocupávamos o centro, pesquisas que conduzi com Marshall Duke, meu colega na Emory, sugerem que a bolha de espaço pessoal não tem o formato de um círculo perfeito. Em nosso estudo, usamos um desenho simples de uma sala com um ponto no meio e círculos concêntricos se estendendo até os cantos. Pedimos a milhares de pessoas para se imaginarem no centro daquela sala. Então perguntamos onde elas gostariam que várias pessoas de idades, gêneros e raças diferentes parassem de andar na direção delas, vindo

ESPAÇO PESSOAL

de frente, de trás e dos lados (no caso de crianças pequenas, usamos bonecos de plástico para facilitar a visualização). O estudo nos gerou informações muito ricas sobre as normas aprendidas acerca do espaço pessoal, incluindo uma imagem detalhada de nossas zonas.[4]

A primeira coisa que notamos é que as bolhas de espaço pessoal das pessoas eram mais profundas nas costas do que na frente. É algo que faz sentido, já que a principal função do espaço pessoal é servir como um sistema de alerta inicial para nos proteger de lesões físicas. As pessoas conseguem ver e ouvir possíveis ameaças se aproximando pela frente, mas só usam o som ao avaliar ameaças vindo por trás. Como resultado, precisam de um espaço extra às suas costas para se sentirem seguras. A partir desses dados, elaboramos a escala da Distância Interpessoal Confortável (DIC), que mede a distância interpessoal preferida, resultante de raça, idade e gênero. No geral, observamos que mulheres tendiam a preferir ter mais espaço ao seu redor do que homens, e adultos mais velhos parecem exigir mais distância do que os jovens. Crianças pequenas têm a menor bolha de espaço protetor de todos os grupos — porém são bem menos exigentes sobre quem permitem entrar em sua zona de espaço pessoal do que adultos.[5]

Permitir a distância correta de espaço pessoal não apenas ajuda os outros a se sentirem mais confortáveis ao nosso redor, como também constitui o espaço pelo qual outros comportamentos não verbais, como expressões faciais, posturas, gestos, nuances sonoras e toque, devem passar. Quanto maior a distância, mais difícil é notar os sinais emocionais de outros canais não verbais; rostos se tornam mais difíceis de interpretar, e tons de voz, mais difíceis de identificar. Da mesma forma, quando alguém se aproxima demais, nos sentimos acuados e temos dificuldade em focarmos as expressões faciais e os gestos da

A ORQUESTRA SILENCIOSA

pessoa. Sendo assim, crianças que não entendem bem o espaço pessoal podem ter muitas dificuldades.

O neuropsicólogo Michael Graziano dedicou sua carreira ao estudo do espaço pessoal, e ainda assim foi pego de surpresa quando o filho de 4 anos começou a ter problemas na escola. O filho de Graziano era alegre, esperto e falante, mas não tinha muita noção de espaço e com frequência tropeçava, batia em móveis e caía da cadeira. Os problemas pioraram quando ele entrou para a primeira série e os professores interpretaram suas oscilações e movimentos na carteira como gestos sexuais, e seus esbarrões acidentais nos outros como uma forma de assédio sexual. A escola do menino chegou a denunciar Graziano e a esposa para o conselho tutelar como possíveis pedófilos. Com o tempo, especialistas conseguiram apresentar uma interpretação diferente e científica para o comportamento do menino. Acaba que o filho de Graziano sofria de dispraxia. Pessoas com o transtorno podem sofrer uma série de dificuldades, mas, no caso do menino, o sintoma mais forte era o mau funcionamento dos neurônios peripessoais. A intervenção inocentou os pais, e a criança pôde receber a ajuda de que precisava, ainda que em uma escola diferente.[6]

Como um dos principais pesquisadores que descobriram os mecanismos neurais que baseiam o uso do espaço pessoal, Graziano entendia por que o filho não conseguia assimilar corretamente onde seu corpo estava com relação aos outros. Ainda assim, ficou impressionado com as consequências da incapacidade do menino de ajustar seus movimentos ao espaço que o cercava. "Estudei espaço pessoal no laboratório. Por anos, estudei as estruturas cerebrais disso", escreveu ele em seu livro, *The Spaces between Us* [Os espaços entre nós, em tradução livre]. "Mas fui pego totalmente de surpresa com o peso de

ESPAÇO PESSOAL

suas dimensões humanas (...) O espaço pessoal é a estrutura básica da interação humana (...) uma presença invisível vasta que nos influencia o tempo todo."[7] Foi a experiência com o filho que abriu os olhos de Graziano para a real importância de administrar o espaço pessoal, mesmo para uma criança pequena de 4 anos.

Qualquer professor terá histórias para contar sobre sua experiência com "invasores de espaço" na sala de aula: crianças que ficam o tempo todo em cima dos outros, encostando e ocupando o espaço pessoal dos colegas. Apesar de esses comportamentos não costumarem ser resultado de um transtorno neurológico grave — como foi o caso do filho de Graziano —, até erros bobos podem ter consequências muito reais. Se uma criança estiver sempre invadindo o espaço das outras — mesmo que isso aconteça sem querer e sem maldade —, pode apostar que os colegas de classe dela começarão a manter a distância, causando sentimentos de isolamento social caso a criança não seja corrigida.

Durante a pandemia, é claro, as crianças foram explicitamente orientadas a respeito do espaço pessoal como uma forma de distanciamento social. Desenhos de pés foram pintados no chão e fitas coloridas surgiram em calçadas e corredores, lembrando-as da distância correta a manter dos outros. A regra do 1,20 metro, tão útil na crise de saúde pública, também teve o infeliz efeito colateral de acabar com as tradicionais zonas interpessoais que usamos por tanto tempo. Daphne Holt, professora da Faculdade de Medicina de Harvard, observou que, durante a pandemia, a preferência de espaço pessoal aumentou em uma média de 40 a 50% nas pessoas que estudou, ainda mais se elas entendiam que tinham um risco maior de se contaminarem com covid-19. Curiosamente, no entanto, as pessoas com mais medo de pegarem o vírus mantinham distâncias maiores dos outros mesmo ao interagirem em um ambiente de teste simulado virtual, onde não havia a possibilidade de contaminação.[8]

É possível que as regras da época da pandemia sobre espaço pessoal tenham criado mais problemas para crianças que já tinham dificuldade com esse canal não verbal. Uma das principais maneiras como crianças aprendem as regras do espaço pessoal (e outras habilidades não verbais) é por tentativa e erro, e a especificação e a manutenção rígidas de limites espaciais — como os que existiam na pandemia — oferecem menos oportunidades para praticarem e aprenderem as regras por conta própria. Não está claro se as regras da pandemia afetarão a percepção delas sobre o que constitui uma quantidade apropriada de espaço pessoal a longo prazo, mas sabemos que terão que aprender (ou reaprender) a identificar e respeitar os próprios limites — assim como os dos outros — em espaços onde distâncias apropriadas *não* forem indicadas de forma explícita.

Nem é necessário dizer que a quantidade cada vez maior de tempo dedicada a telas não ajudou a compreensão e o uso do espaço pessoal pelas crianças. Cada vez mais, os jovens conduzem grande parte da vida no ciberespaço, um local sem dimensões físicas, que em geral transmite informações errôneas sobre o ambiente e seus parâmetros. Além disso, com menos oportunidades para aprender e praticar o distanciamento apropriado entre nós mesmos e os outros durante interações sociais presenciais, faz sentido que algumas crianças tenham dificuldade em entender os limites de espaço pessoal. Pouco tempo atrás, eu estava conversando com uma professora no corredor da escola, na frente de sua sala de aula, quando um dos alunos dela, um menino de 7 anos, passou no meio de nós em vez de dar a volta,

ESPAÇO PESSOAL

apesar de haver espaço suficiente para isso. Depois que ele passou, a professora disse:

— Zeke, por onde você deveria passar quando duas pessoas estão conversando?

A resposta dele foi uma expressão vazia e perdida.

A boa notícia é que como a maioria dos erros com espaço pessoal acontece devido à falta de aprendizado ou de experiência, costuma ser fácil corrigi-los. De forma muito prática, a regra do 1,20 metro reforçada pela pandemia foi um exemplo excelente de como ensinar o uso apropriado do espaço pessoal. Para muitas pessoas, as bolhas de espaço pessoal se tornaram visíveis pela primeira vez, e rapidamente aprendemos novas maneiras de interagir uns com os outros enquanto nos ajustávamos a elas. Caso seu filho tenha dificuldade com limites de espaço pessoal, você pode ajudá-lo com demonstrações explícitas para corrigir a distância a ser mantida entre o corpo dele e o dos outros.

O ESPAÇO PESSOAL NA PRIMEIRA E SEGUNDA INFÂNCIAS

Em que momento um bebê desenvolve a percepção de espaço pessoal? Uma resposta vem do psicólogo Thomas Horner, que analisou com atenção como bebês reagem a desconhecidos no primeiro ano de vida. Até os 6 meses de idade, crianças costumam ter reações positivas e indiscriminadas — sem demonstrar medo — a desconhecidos que se agigantam sobre elas e apertam suas bochechas. No entanto, depois desse tempo, uma mudança acontece, e crianças passam a desconfiar de estranhos, chegando a ficarem assustadas com alguns, especialmente quando a pessoa controla a interação e invade o espaço pessoal da criança. Segundo o dr. Horner, é durante essa fase de transição que bebês passam a se comportar como agentes da alfândega tentando estabelecer se alguém está trazendo produtos ilegais para dentro do país.[9] Outro estudo conduzido por psicólogos em Birmingham, na Inglaterra, concluiu que um sistema de neurônios peripessoais já existe em certo grau mesmo em recém-nascidos. Enquanto há alguns debates sobre o momento exato em que se torna funcional, há fortes indícios de que isso ocorra aos seis meses, quando bebês começam a desenvolver o eu observador, permitindo que determinem quem invade seu espaço pessoal e as possíveis ameaças oferecidas por essa pessoa.[10]

Por causa disso, à medida que os bebês se aproximam dos 6 meses, os pais precisam ser mais criteriosos sobre as interações que permitem para os filhos e a área em que elas acontecem. Com frequência excessiva, observei adultos bem-intencionados invadindo a zona íntima ao se apresentarem para uma criança, até segurando a mão dela ou lhe dando um abraço de repente ou sem permissão. Adultos — e ainda mais adultos desconhecidos para a criança — precisam ter o cuidado de respeitar esse espaço em vez de invadi-lo. Com essa idade, crianças precisam se sentir seguras com alguém antes de convidá-las a compartilhar seu espaço.

Então não é de surpreender que crianças fiquem agarradas a cuidadores e que façam apenas breves incursões para longe deles antes de voltarem rapidamente para a segurança da bolha dos pais. Aos poucos e com a orientação dos pais, elas começam a se aventurar para mais longe e a aprender a distância certa a ser mantida tanto de adultos conhecidos quanto de desconhecidos. Ao mesmo tempo, desenvolvem

ESPAÇO PESSOAL

reflexos para quando alguém se aproxima demais. Pesquisas mostram que, quando bebês e crianças pequenas se sentem seguras na presença dos cuidadores, se mostram mais propensas a explorar o ambiente, incluindo as pessoas que o ocupam, recebendo oportunidades para aprender sobre as nuances do espaço pessoal que irão prepará-los para futuras interações. Na verdade, pesquisadores de Israel observaram que crianças que confiavam mais nos cuidadores durante a infância não apenas tendiam a ser exploradoras mais intrépidas, como também eram mais resistentes às intrusões dos outros, menos propensas a permitir pessoas indesejadas dentro do espaço pessoal e mais competentes no âmbito interpessoal uma década mais tarde.[11]

Para os pais, ensinar o uso básico do espaço pessoal é um trabalho de paciência e de constantemente servir de exemplo. Tenha em mente que quanto mais nova for a criança, mais propensa ela será a manter uma distância semelhante de todos, sem diferenciar desconhecidos ou parentes. Isso mudará conforme ela for se aproximando do fim da segunda infância e passar a ser exposta a mais pessoas e interações.

DICAS PARA TORNAR O ESPAÇO PESSOAL VISÍVEL E CONCRETO PARA SEU FILHO MUITO PEQUENO

1. Converse com seu filho sobre bolhas de espaço pessoal

Explique que todo mundo tem uma bolha de espaço pessoal e que é importante respeitá-la. Em espaços públicos, chame a atenção da criança para que ela não esbarre nas pessoas e ajude-a a se tornar mais consciente das pessoas ao redor.

2. Torne a bolha de espaço da criança visível e concreta

Delimite um espaço de 1,20 por 1,20 metro ao redor da criança, colando fita colorida no chão, para ajudá-la a entender os parâmetros de sua bolha. Como alternativa, se você tiver um bambolê, pode pedir para a criança entrar nele e caminhar segurando-o.

3. Brinque de sinal verde/sinal vermelho

Sinal verde/sinal vermelho é uma ótima brincadeira para mostrar o espaço pessoal de cada um para a criança (sinal verde significa chegue mais perto; sinal vermelho, pare). Caso você não tenha um grupo de crianças com quem brincar, pode fazer a brincadeira com carrinhos de brinquedo, mostrando como cada carrinho precisa de espaço ao redor para se locomover em segurança e como os motoristas precisam obedecer às regras de sinal verde e vermelho para não baterem. (Também é um bom treinamento para muitos anos no futuro, quando seu filho for aprender a dirigir!)

4. Aprenda a respeitar o espaço pessoal do seu filho

Seu filho é uma pessoa em crescimento, que precisa ter algum controle sobre o que acontece no espaço dele e a distância que as pessoas devem manter. Muitos adultos — incluindo pais e parentes próximos — não entendem a importância de permitir que uma criança decida quem pode entrar em seu espaço pessoal. O respeito aos limites espaciais de uma criança, mesmo no começo da vida, oferece uma lição importante sobre ter respeito pelos limites espaciais dos outros.

ESPAÇO PESSOAL

O ESPAÇO PESSOAL NA TERCEIRA INFÂNCIA

Mais ou menos na época em que as crianças começam a estudar em tempo integral, se torna mais fácil entender as regras do espaço pessoal. Elas precisarão entender a distância a ser mantida dos outros enquanto esperam em fila e quando é apropriado, ou não, se aproximar de um amigo no parquinho. É bem normal que as crianças tenham dificuldade com esses limites no começo — e de formas diferentes. Uma criança pode abraçar os outros sem permissão, enquanto outra pode ter a tendência a esbarrar nos colegas. Uma pode incomodar um grupo de colegas ao se enfiar no círculo deles, enquanto outra pode se sentar longe demais do amigo com quem está almoçando na mesa do refeitório.

Pesquisas publicadas por meu laboratório, assim como por outros, mostram que, aos 6 anos, a maioria das crianças já entende bem quem pode entrar em sua bolha e quem deve manter a distância. No geral, com essa idade, crianças permitem que colegas do mesmo sexo se aproximem mais do que as do sexo oposto, e duas meninas costumam se sentir mais confortáveis com uma distância menor do que dois meninos.[12] Entretanto, para a maioria das crianças nessa faixa etária, os neurônios peripessoais começam a disparar quando alguém se aproxima. É por isso que crianças mais velhas que permanecem invadindo o espaço dos colegas são mais propensas a sofrer rejeição social. Enquanto uma criança de 5 anos pode chegar perto de outra criança para brincar sem sofrer consequências, talvez esse não seja um comportamento adequado para uma criança de sete. Por volta dos 10 anos, já é esperado que crianças sigam as regras como se fossem adultos.

Quando conseguem lidar com limites de espaço pessoal de forma confiante, as crianças têm mais facilidade em fazer e manter amizades — e não só por que os colegas se mostram menos propensos a rejeitá-las. Com o espaço, comunicamos não apenas proximidade física, como também social. Sendo assim, ele tem um papel em todas as quatro fases de qualquer relacionamento, apesar de ter influências muito diferentes ao *iniciar* e *aprofundar* relações. Ao se sentir pronta para iniciar um possível relacionamento com um colega, a criança precisará manter a distância correta para que o novo amigo veja suas expressões faciais e escute suas palavras, mas não tão perto a ponto de a iniciativa parecer intrusiva.

Imagine um garotinho — vamos chamá-lo de Austin — brincando no parquinho durante o recreio no primeiro dia em uma escola nova. Ele nota um colega de classe cutucando algo no chão com um graveto. Ele se aproxima. Austin permanece um pouco longe, pois ainda não conhece a outra criança.

— O que é isso? — pergunta ele.

— Um inseto enorme e esquisito — responde o outro garoto.

— Posso ver? — pede Austin.

— Pode, mas toma cuidado — alerta o menino.

Agora que foi convidado para o espaço pessoal do outro garoto, Austin se aproxima.

— Nossa, nunca vi um desses antes — diz ele para o menino.

Enquanto os dois observam o inseto lado a lado, uma amizade foi iniciada com base em um interesse compartilhado. Os garotos logo aprendem o nome um do outro e, mais tarde no mesmo dia, descobrem que gostam de jogar basquete depois da escola.

ESPAÇO PESSOAL

Embora o comportamento de Austin não tenha sido tão impressionante assim, ele fez um ótimo trabalho em lidar com o espaço pessoal para ter sucesso ao iniciar um novo relacionamento. Ele pediu permissão antes de se aproximar, então diminuiu o espaço aos poucos, dando ao outro menino tempo para se tornar confortável com a aproximação, e, no fim, os dois ficaram confortáveis juntos, prontos para se conhecerem melhor. Imagine como a situação poderia ter sido diferente se Austin tivesse saído correndo e imediatamente parado ao lado do outro garoto, sem se atentar aos seus limites de espaço pessoal.

Quando duas pessoas reduzem o espaço entre elas — como os dois meninos fizeram —, elas criam as condições para o relacionamento se aprofundar. Como quase todas as comunicações não verbais — incluindo expressões faciais, posturas, gestos, e assim por diante — acontecendo dentro das zonas íntima e pessoal, duas crianças que conseguem compartilhar esse espaço de forma confortável têm acesso a informações não verbais um sobre o outro que os outros colegas não têm. É assim que elas formam a relação de "companheirismo", sobre a qual Harry Stack Sullivan escreveu: uma amizade especial, na qual crianças aprendem a compartilhar segredos, confiar na opinião um do outro e aperfeiçoar habilidades interpessoais.

Crianças que aprendem a dominar essas regras básicas na terceira infância estarão muito mais preparadas para lidar com as futuras relações (frequentemente sexualizadas) da adolescência, nas quais erros em matéria de espaço pessoal podem ter consequências bem mais negativas. Em outras palavras, nunca é cedo demais para ensinar ao seu filho sobre como lidar com esse conceito.

DICAS PARA AJUDAR SEU FILHO A LIDAR COM O ESPAÇO PESSOAL NA TERCEIRA INFÂNCIA

1. Observe seu filho em uma variedade de situações sociais

Com frequência, pais não percebem quando os filhos em idade escolar têm dificuldade com o espaço pessoal, pois as bolhas costumam ser bem menores em casa, com parentes. Portanto, é importante observar seu filho em diferentes situações e ambientes. Note a distância que ele mantém dos outros, dependendo de onde está, e com quem interage. Ele faz alterações apropriadas a depender do tipo de relacionamento, se aproximando de amigos e se afastando de desconhecidos?

2. Continue dando feedback

Elogie seu filho quando ele respeitar o espaço dos outros e o corrija com delicadeza quando ultrapassar limites: "Gostei de como você foi falar com seu novo amigo e ficou um pouquinho longe antes de perguntar se ele queria brincar." "Não é legal ficar em cima das pessoas quando você estiver brincando com elas. É melhor dar espaço para seus amigos."

3. Aos poucos, dê mais liberdade para seu filho explorar o mundo

Em locais seguros, deixe que ele perambule livremente, avisando aonde ele pode ir (e aonde não) e mostrando que você ficará esperando no mesmo lugar até que ele volte. Caso se afaste demais, talvez você sinta a necessidade de lhe dar uma bronca; por outro lado, broncas ríspidas demais ou a ausência absoluta de críticas farão com que ele perca oportunidades valiosas de aprender as regras do espaço pessoal.

ESPAÇO PESSOAL

4. Oriente seu filho a ser um "detetive da bolha do espaço pessoal"

Quando estiver em espaços públicos com seu filho, peça para que ele observe pessoas paradas a distâncias diferentes umas das outras e explique o que está acontecendo. Aquelas pessoas se conhecem? Elas se gostam? Será que são amigas? Parentes? Ao observarem pessoas em uma fila, veja a distância que mantêm umas das outras — essa é outra ótima oportunidade para observar as regras do espaço pessoal em ação.

5. Peça ao seu filho para andar em sua direção e use expressões faciais e gestos para sinalizar a hora de parar

Essa é uma boa maneira de ensinar seu filho a observar regras de espaço pessoal, ao mesmo tempo que reforça outras habilidades não verbais. Você também pode trocar os papéis e deixá-la sinalizar quando deseja que você pare. Crianças precisam se tornar cientes de como sinais não verbais em expressões faciais, tons de voz, posturas e gestos podem alertar sobre intrusões indesejadas no espaço pessoal.

6. Tenha uma conversa sobre consentimento

Pergunte ao seu filho se ele já se sentiu desconfortável com a proximidade excessiva de alguém. Deixe claro que ele tem o direito de pedir para os outros se afastarem quando ficar desconfortável com a aproximação. Crianças precisam da linguagem não verbal *e* da verbal para negociarem interações sobre espaço pessoal. Se tiverem dificuldade em determinar limites — ou em perguntar aos outros sobre os deles —, treine frases como "Você está no meu espaço. Pode, por favor, se afastar?" ou "Posso chegar mais perto para ver o que você está fazendo?".

7. Ensine ao seu filho a diferença entre as zonas íntima, pessoal, social e pública

Explique que, na zona íntima, podemos falar coisas pessoais que não diríamos nas outras zonas, e corrija-o caso, por exemplo, ele berrar um assunto particular do outro lado da sala. Eu me lembro de um menino de 10 anos que queria ser amigo de outra criança e decidiu demonstrar sua preocupação com o colega de classe berrando alto do canto oposto da sala: "Como está sua diarreia?" As intenções dele foram boas, e talvez ele até tenha demonstrado empatia — mas também foi um jeito certeiro de envergonhar e afastar um potencial amigo.

8. Ensine seu filho a lidar com o espaço dentro de um elevador

Explique que, quando alguém entrar em um elevador, ele deve se afastar para dar espaço à pessoa. Essa é uma ótima maneira de ajudá-lo a praticar como ajustar sua bolha pessoal em um espaço apertado.

9. Comemore o Dia do Espaço Pessoal, que acontece em 30 de novembro

Sim! O Dia do Espaço Pessoal existe e pode ser uma ótima oportunidade para você e seu filho refletirem sobre a importância de respeitar os limites pessoais dos outros.

QUANDO A AJUDA DE ESPECIALISTAS É NECESSÁRIA?

O canal não verbal do espaço pessoal vai se tornando ainda mais importante à medida que a criança cresce. A segunda infância e,

ESPAÇO PESSOAL

principalmente, a transição para a escola em tempo integral são momentos cruciais para identificar e corrigir lacunas nessa habilidade antes de elas se tornarem mais graves e nocivas. Caso seu filho tenha dificuldades persistentes com a percepção espacial, é provável que um professor aborde o assunto com você. Caso seu filho continue cometendo os mesmos erros, mesmo sendo corrigido repetidas vezes por professores, talvez seja interessante procurar um psicólogo clínico ou um especialista em transtornos de aprendizagem com experiência em preferências e comportamentos associados ao espaço pessoal.

• • •

A DIFICULDADE COM espaços pessoais sempre prejudica o desenvolvimento de relações, mas seu impacto é uma bobagem se comparado aos problemas sociais que surgem quando crianças (e adultos) cometem erros relacionados ao toque. Como veremos no próximo capítulo, o toque pode transmitir mais informações emocionais do que qualquer outro canal não verbal — o que significa que os pequenos precisam usá-lo da maneira correta.

CAPÍTULO 6

Contato físico

Prossiga com atenção

ENQUANTO ESCREVO ISTO, OLHO PARA AS FOTOGRAFIAS EMOLDURADAS DE MINHA esposa e minha neta sobre a escrivaninha. Na foto da minha esposa, ela me fita com um sorriso que instantaneamente conjura sua presença, como se ela estivesse ao meu lado. Na foto da minha neta, Hannah Ruth, então com dois meses, estou em uma poltrona reclinável com ela deitada de barriga para baixo sobre meu peito, sua cabeça apoiada no meu coração. Essas fotos me lembram das lições poderosas que minha neta e minha esposa me ensinaram sobre a importância do toque durante um dos piores momentos da minha vida.

Em uma noite de verão no fim do verão de 2002, enquanto eu e minha esposa nos preparávamos para voltar para casa após uma viagem para a Inglaterra, sofri um ataque cardíaco. Após me estabilizar em um hospital britânico, voltei para Atlanta e descobri que teria que fazer uma cirurgia difícil para colocar uma ponte de safena. Em uma consulta com meu cirurgião, que por um acaso tinha sido meu aluno — um dos mais inteligentes, diga-se de passagem —, ele me explicou o que aconteceria durante a operação. Ele percebeu que eu estava abalado com o que aconteceria e perguntou se havia algo que pudesse dizer ou fazer para aliviar meus medos. Mencionei uma ideia que eu estava cogitando. Será que eu poderia levar uma fotografia pequena da minha esposa comigo para a sala de cirurgia? Ele sorriu e disse que não havia motivo para recusar esse pedido. Então, no dia do procedimento, enquanto me preparavam para o que acabaria sendo a implantação de quatro pontes de safena, segurei com força foto de alguém que eu amava para me tranquilizar.

No fim das contas, meu comportamento fazia sentido; desde então, pesquisas mostraram que a presença e o toque de alguém amado podem diminuir a percepção da dor.[1] Em um experimento interessante, psicólogos testaram pessoas que sentiam dor enquanto estavam sozinhas, enquanto seguravam a mão de uma pessoa que mal conheciam e enquanto seguravam a mão de alguém por quem tinham carinho. Eles observaram que segurar a mão de um ente querido não apenas produzia padrões cerebrais sincronizados, como também diminuía a sensação de dor.[2] Há até um estudo que mostra que abraços podem reduzir a ocorrência de doenças do trato respiratório superior e a severidade dos sintomas de pessoas doentes.[3] As vantagens do toque, creio eu, são incontestáveis, ainda mais para crianças pequenas que anseiam por tranquilização ou segurança.

Enquanto eu me recuperava da cirurgia, minha neta Hannah Ruth nasceu, me lançando no mundo único e incrível de ser avô (ou vovô, como eu passaria a ser chamado). A recuperação foi difícil. Meu peito doía o tempo todo, e eu tinha dificuldade para dormir. Eu só conseguia relaxar de verdade quando minha maravilhosa netinha estava

CONTATO FÍSICO

deitada em meu peito; seu toque era um bálsamo — no sentido literal e figurado — para meu coração. Ela também tinha dificuldade para dormir, mas, quando se aninhava em meus braços, nós dois caíamos no sono quase no mesmo instante. Toda vez que olho para essas duas fotos sobre a escrivaninha, lembro que o toque humano tem o poder único de tranquilizar, nutrir e curar.

O toque é um dos canais de comunicação não verbal mais emocionalmente poderosos — e que é central para a experiência humana por toda a vida, desde que nascemos. É difícil imaginar um mundo em que não pudéssemos segurar e aninhar nossos recém-nascidos nem ter um estoque infinito de abraços para aplacar as quedas e decepções de nossas crianças pequenas. Na vida adulta, o toque permanece fundamental para o bem-estar; pense no poder de alguém apertando sua mão ou passando um braço ao redor dos seus ombros, mostrando que você não está sozinho. Apesar de outros comportamentos não verbais poderem acontecer no ambiente virtual (ainda que de forma distorcida), o toque *precisa* ocorrer no mundo real, físico, onde é impossível tocar sem ser tocado de volta. No capítulo anterior, falei sobre o espaço pessoal que existe ao nosso redor para alertar sobre ameaças externas. O toque só acontece quando permitimos a entrada de alguém nesse espaço — ou quando alguém permite a nossa —, e, para isso, precisamos acreditar que a outra pessoa deseja expressar carinho em vez de nos machucar.

Comunicações por meio do toque podem ser física e emocionalmente poderosas. Mas também podem ser muito complexas. São muitas as mensagens que conseguimos transmitir pelo contato físico. Podemos cutucar, dar tapinhas, afagar, acariciar, estapear, abraçar, agarrar, bater, esfregar, beijar, apertar, fazer cócegas, coçar, segurar (e muito mais) uns aos outros, com cada um desses gestos tendo um significado diferente. E para complicar ainda mais a situação, esse significado depende do momento, da intensidade, da duração e do contexto do toque, que pode ser carinhoso e pode ser ameaçador. Pode ser social, romântico ou sexual. O principal foco deste capítulo, no entanto, é o toque social, o tipo bem-intencionado, sem conotação sexual, que transmite mensagens emocionais que geram conexão, como apertar ou dar um tapa na mão de alguém em comemoração, tocar um ombro ou um braço, dar um abraço rápido, um beijo na bochecha, apertar ou segurar uma mão, e passar um braço ao redor dos ombros ou do braço da outra pessoa.

POR QUE O TOQUE É IMPORTANTE

No capítulo anterior, escrevi sobre os neurônios peripessoais que são acionados quando nosso espaço é invadido. Sem querer ser deixado para trás, o toque também tem células neurais especialmente projetadas, chamadas de aferentes C-táteis. Essas células são capazes de transmitir uma quantidade incrível de mensagens emocionais dependendo dos tipos de estímulos recebidos e das situações nas quais o toque acontece. Os aferentes C-táteis têm um papel bem mais complexo se comparados às ameaças simples que acionam os neurônios peripessoais.[4] Na verdade, aferentes C-táteis diferentes têm conexões neurais diferentes, permitindo que transmitam mensagens emocionais mais sutis. Essa operação complexa foi descrita eloquentemente pela psicóloga Carissa Cascio e seus colegas como "a de um acorde musical formado por notas individuais em um teclado que, quando pressionadas, criam uma nota pura, porém combinações das teclas

CONTATO FÍSICO

individuais produzem acordes que vão além da soma de suas partes".[5] Há até uma conexão única entre certos aferentes C-táteis e funções do sistema nervoso, como o nervo zigomático, que controla nossos sorrisos. Talvez isso explique por que sorrimos quando recebemos aquele carinhoso beijo rápido na bochecha de um ente querido após um dia estressante no trabalho ou quando um colega dá um "toca aqui" em nossa mão com empolgação para comemorar um trabalho bem-feito.

Quando usado de maneira apropriada, o toque pode ser um recurso tranquilizador poderoso nos momentos em que estamos tristes, e incrivelmente afirmador quando estamos felizes. Em um estudo agora clássico, a psicóloga April Crusco e seus colegas investigaram o efeito do toque ao instruir um grupo de garçonetes a tocar de leve a mão dos clientes ao voltar com o troco e outro grupo de garçonetes a não ter qualquer contato físico com eles. Os clientes que receberam o contato físico deram gorjetas maiores, independentemente do gênero, do clima do restaurante ou da experiência que tiveram durante a refeição.[6] Em estudos semelhantes, clientes de uma biblioteca que receberam de bibliotecários um toque leve na mão ao devolver um livro indicaram que gostavam mais da biblioteca do que clientes que não receberam qualquer contato físico, pessoas que passavam pelo balcão de uma loja se mostraram mais propensas a experimentar um produto novo quando membros da equipe encostavam de leve em seu braço, e estudantes que receberam um toque parecido de professores se voluntariaram mais durante a aula.[7]

Estudos mostram que o canal não verbal do toque é absolutamente essencial para qualquer fase do desenvolvimento infantil. Um dos primeiros psicólogos a estudar a importância do contato físico foi Harry Harlow. Na década de 1950, ele se dedicou a entender por que bebês mamíferos ficam agarrados às mães. Na época, acreditava-se que crianças permaneciam perto das mães porque precisavam delas para receberem comida e sustento. Ao estudar filhotes de macaco, Harlow descobriu que, quando recebiam a opção de uma boneca macia e felpuda no formato de uma mãe ou uma figura materna feita de madeira e arame, os macaquinhos preferiam a mãe felpuda, mesmo quando havia a oferta de comida ou leite se escolhessem a versão de madeira e arame. Os filhotes, ao que parecia, ansiavam mais pelo toque macio e carinhoso do que pelo sustento da comida e bebida. Algumas décadas depois, conseguimos obter dados humanos que confirmaram os achados de Harlow e a importância do toque e do carinho materno no desenvolvimento saudável de bebês.[8]

Mais recentemente, a pandemia deixou claro para todos nós a importância do canal não verbal do toque para a sensação de bem-estar. Talvez fizéssemos ideia de que seria difícil não poder segurar a mão de um pai morrendo ou abrir os braços para envolver entes queridos assustados ou enlutados. Muitos de nós, porém, foram pegos de surpresa com o sofrimento de não poder receber um amigo com um abraço nem dar um aperto de mão carinhoso em um colega de trabalho após as limitações sociais da quarentena serem amenizadas. Para mim, assim como para praticamente todos os avós no mundo, não poder dar um abraço apertado nos meus netos era absolutamente torturante.

É pelo toque que transmitimos afeto e carinho pelas outras pessoas em todas as fases da vida. Podemos aprofundar uma amizade ao apertar uma mão com afeto ou ao entrelaçar braços enquanto caminhamos, e também comemorando momentos importantes como aniversários, casamentos e formaturas com abraços e tapinhas de mão. Só que o toque é importante mesmo no início de um relacionamento. Cumprimen-

CONTATO FÍSICO

tar alguém com um aperto de mão firme e educado em um primeiro encontro pode instaurar um tom positivo para toda a interação, e apertos de mão levemente mais demorados, acompanhados por um toque no braço, podem sinalizar tão bem um aumento de intimidade quanto um abraço ou qualquer comunicação oral.

É CLARO QUE O toque também pode ser usado de maneiras agressivas ou completamente inapropriadas. Desde pequenos, a maioria de nós aprende que socar, bater, beliscar, empurrar, arranhar, morder e estapear são gestos proibidos, que certas partes íntimas do corpo não podem ser tocadas em situações sociais nem sob quaisquer circunstâncias. Além disso, as regras e normas sobre quais toques são apropriados dependem de inúmeros fatores, incluindo o grau de intimidade que temos com a outra pessoa, o ambiente ou a situação, as expectativas do outro (por exemplo, se ele espera um aperto de mão e tentamos dar um abraço, e vice-versa), e muito mais.

O toque é o canal não verbal mais arriscado nesse sentido, pois erros podem ter consequências graves que vão além das dificuldades sociais, especialmente ao passo que as crianças entram na adolescência, quando o castigo para contatos físicos inapropriados pode incluir até punições judiciais. O toque também é o único canal não verbal sobre o qual crianças aprendem regras rígidas de forma explícita, como não tocar nas partes íntimas — apesar dessas regras serem bem mais fáceis de ensinar do que algumas mais sutis e nebulosas, como a melhor maneira de bater no ombro de uma pessoa quando se aproximar por trás dela (caso você esteja curioso, o ideal é fazer isso com um único dedo, de leve, encostando em uma área de seis centímetros quadrados entre o ombro e o pescoço).

149

Para aumentar a complexidade, a etiqueta do contato físico varia em diferentes partes do mundo. Por exemplo, em países como Espanha e Itália, as pessoas favorecem mais os toques sociais do que em outras culturas, e é completamente aceitável que pessoas que acabaram de se conhecer troquem abraços e beijos na bochecha para se cumprimentarem. Nos Estados Unidos e no Reino Unido — dois dos países menos "amigáveis ao toque" do mundo —, qualquer forma de contato além de um aperto de mão rápido é proibida na maioria dos ambientes educacionais e profissionais. Nos Estados Unidos, preferimos apertos de mão firmes, enquanto algumas culturas acham que apertos de mão mais suaves são melhores. Apesar de todas essas diferenças, achados de um estudo recente feito com mais de 13 mil participantes da Finlândia, França, Itália, Rússia e Reino Unido revelam que país e cultura não são os principais motivadores das normas e comportamentos associados ao toque. Em vez disso, é o nível de intimidade entre as duas pessoas envolvidas. Assim como todos os comportamentos não verbais, o significado do toque social varia de acordo com o relacionamento com a outra pessoa. Se eu esbarrar na mão de um desconhecido sem querer no meio de uma multidão, meu gesto será interpretado de forma bem diferente do que se minha mão roçar na da minha esposa. Sendo assim, uma criança que está acostumada a dar abraços demorados e apertados nos irmãos em casa pode acabar descobrindo que os colegas da pré-escola não gostam de ser apertados com o mesmo entusiasmo.[9]

Não há dúvida de que crianças que não seguem as mesmas regras básicas para o contato físico podem acabar afastando os colegas. Faz muito tempo que fui aluno da terceira série, mas ainda me lembro de minha colega de classe Jenny e de como eu sempre ficava incomodado

CONTATO FÍSICO

quando me obrigavam a fazer trabalhos ou brincar com ela. O motivo era bem simples: as mãos dela não paravam. Jenny parecia ter uma necessidade quase compulsiva de tocar em tudo. Quando ela não estava esfregando os braços ou passando o tecido do vestido entre os dedos, estava encostando nos outros, mesmo quando era claro que a pessoa não queria contato. Em mais de uma ocasião, isso foi motivo para brigas — como no dia em que ela chegou por trás de uma colega e começou a mexer tanto no cabelo comprido e sedoso da menina que acabou lhe dando um puxão, machucando-a. Eu me lembro de pensar que Jenny realmente parecia arrependida, e ela prometeu parar de encostar nos outros depois disso.

Embora o comportamento de Jenny fosse bem irritante para os colegas de classe, também me lembro de como o contato físico era usado de maneira positiva na sala de aula. Quando Jenny se comportava de forma inapropriada, nossa professora, a sra. Harris, ia até a mesa dela e gentilmente tocava seu ombro por um instante para acalmá-la. A sra. Harris também usava o canal não verbal do toque de outras maneiras. Ela segurava a mão das crianças durante o recreio, e, quando dois de nós brigávamos, ela se metia no meio e mantinha os dois afastados até se acalmarem. Os abraços eram frequentes e valorizados em sua sala de aula, fosse como uma expressão de alegria ou como uma forma de consolar uma criança chorando. Os pequenos contatos transmitiam segurança e tranquilidade para mim e meus colegas de classe, fazendo com que nos sentíssemos parte de uma comunidade. Depois, eu também entenderia que eles eram exemplos de como usar o contato físico de maneira apropriada. Desde então, a abordagem da sra. Harris foi confirmada pelas psicólogas suecas Disa Bergnehr e Asta Cekaite, que elaboraram um dos poucos estudos sobre o impacto do contato físico em turmas de pré-escola, observando que abraços, toques no braço de uma criança e outras formas de contato apropriadas pelos professores são maneiras eficientes de manter a ordem durante atividades escolares e demonstrar carinho pela criança sob seus cuidados.[10]

Muito mudou nas salas de aula nos Estados Unidos desde que fiz a terceira série. Na maioria das instituições educacionais pelo país, professores são mais ou menos proibidos de ter qualquer contato físico com os alunos (assim como treinadores, líderes de grupos jovens e basicamente todos os adultos além de familiares da criança). Colegas de classe também devem evitar tocar uns nos outros, exceto em situações extremamente controladas. A preocupação onipresente com abuso sexual e físico — além das possíveis consequências judiciais resultantes de toques inapropriados — motivou a teoria de que é melhor não encostar em ninguém na sala de aula do que correr o risco de fazer isso do jeito errado.

Apesar de esses temores serem compreensíveis, a proibição total do contato físico teve uma consequência acidental: as crianças não têm mais oportunidades de aprender as regras complexas do toque social adequado com um adulto confiável ou colega que não seja parente. Apesar das fortes recomendações de psicólogos e educadores que entendem que crianças pequenas precisam de experiências assim nessa fase da vida para se prepararem para a adolescência e o futuro, nossas salas de aula se tornaram espaços em que o contato físico é inexistente. Em vez de mostrar às crianças as muitas maneiras como o toque pode ser usado de forma adequada para acalmar, confortar e conectar, como a sra. Harris fazia com Jenny, os professores assumiram o papel da "polícia do toque". Certa vez, perguntei a um menino de 10 anos com dificuldades sociais na escola o que ele sabia

CONTATO FÍSICO

sobre contato físico. Primeiro, ele encarou o chão, então, o teto, e, quando finalmente se virou para mim, disse baixinho, mas com intensidade: "Não encoste!"

Embora o contato físico já estivesse amplamente proibido no ambiente escolar em 2020, a pandemia piorou a situação. Inicialmente visto como um possível veículo transmissor do vírus, o toque se modificou até se tornar inexistente, pois as instruções de distanciamento social de dois metros se tornaram a regra. Desde então, a maioria de nós voltou aos apertos de mão e abraços de costume, porém a realidade é que nossas crianças perderam dois anos de prática sobre como usar o toque para transmitir afeto ou o desejo por proximidade em uma nova amizade. Laura Crucianelli, neurocientista no Instituto Karolinska, em Estocolmo, argumenta que a reconstrução dessas habilidades deveria ser uma prioridade no novo normal pós-pandemia. Ela sugeriu que ao nos privarmos do contato físico, perdemos acesso a uma das maneiras mais sofisticadas e importantes de nos comunicarmos, e, com isso, oportunidades de construir novos relacionamentos.[11]

Há evidências claras de que nada pode substituir a tranquilidade que uma criança sente quando alguém segura a mão dela em momentos de medo, ao receber um abraço quando está triste, ou ao ter um braço ao redor dos ombros em uma demonstração de afeto ou apoio. Todos nós deveríamos estar preocupados sobre como a ausência de contato físico afeta o lado emocional das crianças, assim como seu desenvolvimento. E apesar de precisarmos levar a sério o risco de toques inapropriados de professores e colegas, também devemos reconhecer que uma das melhores maneiras de garantir a segurança das crianças contra abusos é ensinando a elas sobre as nuances do toque apropriado desde pequenas.

David Linden, autor de *Touch: The Science of the Hand, Heart, and Mind* [Toque: a ciência da mão, do coração e da mente, em tradução livre], explica que nascemos com uma sensibilidade ao toque que vai aumentando até alcançarmos 20 anos, e então passa a diminuir 1% a cada ano. Em outras palavras, o tato das crianças se desenvolve muito durante a primeira, segunda e terceira infâncias, o que significa que temos um intervalo de tempo muito pequeno para ajudá-las a entender e usar as sutilezas do contato físico antes de a adolescência chegar e as complicações do toque romântico e sexualizado entrarem em cena.[12]

Com professores proibidos de exemplificar o toque social adequado para crianças em salas de aula, os pais precisam preencher essa enorme lacuna na educação não verbal infantil e garantir que os filhos tenham o conhecimento e a habilidade necessários. Este capítulo ajudará você a fazer isso.

O TOQUE NA PRIMEIRA E SEGUNDA INFÂNCIAS

Mesmo antes de a criança nascer, ela começa a usar o tato para explorar o mundo e desenvolver relacionamentos. Cientistas acreditam que os aferentes C-táteis entram em operação no terceiro trimestre pré-natal, porque, quando as mães tocam a barriga, os fetos reagem com mais atividade tátil na parede do útero.[13] Após o nascimento, a maioria dos bebês tem uma quantidade infinita de contato físico com cuidadores, em geral com mães que instintivamente os acariciam na velocidade necessária para estimular os aferentes C-táteis. Quanto ao restante de nós, não costuma ser necessário nos convencer. Pais, avós, tios, primos, amigos e similares: todo mundo adora segurar o bebê.

CONTATO FÍSICO

Ao passo que a criança cresce, ela começa a conhecer texturas usando a chamada "discriminação tátil", que permite que diferencie entre a pele quente e macia de um pai e a lã macia de um cobertor. Ela passa a entender as emoções associadas ao toque, como quando alguém esfrega suas costas ou lhe dá um abraço, um tipo de toque chamado de "toque afetivo".

Os aferentes C-táteis da criança se comunicam com um conjunto complexo de sistemas neurológicos responsáveis pelo desenvolvimento do chamado "cérebro social". Francis McGlone, professor de neurociência na Universidade John Moores de Liverpool, no Reino Unido, e um dos líderes dos estudos sobre toque afetivo, afirma que os aferentes C-táteis são o aspecto ausente que une tudo que é social.[14] Sem o toque, o sistema no cérebro responsável por interações e comportamentos sociais não consegue amadurecer da forma correta, o que pode resultar em baixa sensibilidade emocional e perda de interesse nos outros — dificuldades que talvez durem por toda a vida.

A maioria das pessoas concorda que bebês precisam de muito contato físico carinhoso para formar conexões seguras e se desenvolver emocionalmente. Um exemplo indiscutível disso ocorreu quando uma equipe de psicólogos norte-americanos foi convidada a observar crianças romenas que passaram tempo nos depósitos usados como orfanatos durante o governo de Nicolae Ceauşescu nos anos 1980 — chamados por alguns de "gulags infantis" devido às condições inconcebíveis e à negligência que essas crianças abandonadas precisaram enfrentar. Eles ficaram chocados ao se deparar com cômodos cheios de bebês assustadoramente silenciosos. Ao mesmo tempo, as crianças mais velhas perambulavam como zumbis, inexpressivas; algumas embalavam a si mesmas sem parar, outras se socavam, berravam ou batiam a cabeça na parede. A maioria era socialmente retraída e se recusava a falar. Essas crianças tinham sido quase completamente privadas de contato físico e sofriam de déficits emocionais e cognitivos graves por causa disso. Eram incapazes de processar emoções não verbais interpretando rostos, não respondiam a comunicações por toque ou vozes tranquilizadoras, e pareciam desinteressadas em qualquer tipo de contato com os outros. Estudos de imagens neurológicas subsequentes mostraram que o cérebro delas não tinha se desenvolvido o suficiente nas regiões que lidam com atenção, cognição geral e processamento emocional e sensorial.[15]

Quando o sofrimento dessas crianças foi noticiado ao público, foram criados programas para tentar reverter seu déficit social e emocional. Por sorte, estudos complementares desde então mostraram que quanto mais tempo as crianças passaram sob cuidados de pais adotivos ou tutores carinhosos, maior era a probabilidade de suas deficiências de processamento emocional serem revertidas pelo contato físico saudável, amoroso, e por conexões humanas carinhosas.[16]

Por volta dos 8 meses de idade — mais ou menos na mesma época em que bebês se tornam mais criteriosos sobre quem permitem entrar em seu espaço pessoal —, a maioria deles, assim como os macaquinhos do estudo de Harlow, se torna apegada a um objeto macio, como um cobertor de pano ou um bicho de pelúcia que possam carregar por todo lado. As texturas familiares e o cheiro desses objetos oferecem tranquilização quando os pequenos são separados dos pais e cuidadores. À medida que se tornam mais móveis, primeiro engatinhando e depois cambaleando, a quantidade de tempo que os bebês passam nos braços de um pai ou cuidador naturalmente diminui, porém o toque continua sendo um componente importante da rotina. É apenas

CONTATO FÍSICO

quando eles chegam na creche ou na pré-escola que o toque afetivo começa a diminuir significativamente, se tornando cada vez mais escasso com o tempo.

DICAS PARA APRESENTAR AS NUANCES DO CONTATO FÍSICO AO SEU FILHO MUITO PEQUENO

1. Conheça o estilo de contato físico do seu filho

Passe um tempo observando as muitas maneiras como seu filho pequeno interage com o mundo usando o toque. Algumas crianças buscam contato físico — elas querem encostar em tudo e todos que encontram —, enquanto outras o evitam. Algumas crianças são grudentas; outras são mais independentes. Crianças muito pequenas têm estilos diferentes, e, ao observá-las em ação, você conseguirá ajudá-las enquanto aprendem a usar o toque na rotina. Embora essa diferença comportamental seja completamente normal, é provável que crianças que buscam contato físico precisem de orientações para não ultrapassarem os limites dos outros, enquanto as que evitam o toque talvez precisem de incentivos para fazer contato em situações apropriadas, embora nunca devam ser obrigadas a isso.

2. Perceba como o gênero do seu filho pode afetar o estilo próprio de contato físico

Em nossa cultura, somos socializados a tratar bebês e crianças pequenas de formas diferentes dependendo do gênero delas, e com frequência isso inclui tratar meninas com cuidado — como vasos delicados que podem quebrar a qualquer toque —, enquanto meninos recebem mais cócegas agitadas, participam de lutinhas e ficam de cavalinho em nosso colo. Tenha em mente que os meninos podem desejar receber um carinho tranquilizador nas costas tanto quanto as irmãs. E meninas podem querer ser sacolejadas no colo ou jogadas no ar tanto quanto os irmãos.

3. Explique ao seu filho o poder do contato físico positivo (e negativo)

Mesmo quando seu filho ainda estiver aprendendo a andar e a falar, você pode mostrar através de orientações calmas e afirmações que cutucar, empurrar, beliscar e bater são gestos proibidos, mas que dar abraços e segurar a mão de amigos é permitido — contanto que o amigo também queira um abraço ou andar de mãos dadas. Caso seu filho cometa um erro e faça um contato físico inadequado, use isso como uma oportunidade de aprendizado.

4. Permita que seu filho tenha autoridade sobre o próprio corpo

Da mesma forma como você ensinou ao seu filho que ele tem autoridade sobre quem pode entrar no espaço pessoal dele, ensine que ele não precisa tocar nem ser tocado por alguém se não quiser — e que não há problema algum em recusar o abraço de um parente próximo ou de um amigo. Incentive amigos e parentes a pedirem permissão, como "Posso segurar sua mão no caminho para o parquinho?" ou "Posso te dar um abraço?". Se ele preferir não expressar afeto dessa maneira, sugira que jogue um beijo no ar para o amigo ou parente — a uma distância confortável. Assim que seu filho começar a falar, ensine-o a

CONTATO FÍSICO

linguagem para transmitir como deseja ser tocado (ou não). Vocês podem treinar frases como "Pare, por favor"; "Não mexa no meu cabelo, não gosto disso"; "Você pode segurar minha mão? Estou com medo".

5. **Depois que a criança começar a frequentar a creche e a pré-escola, dedique um momento para demonstrar afeto físico por ela após a aula**

Nas creches e pré-escolas de hoje, até crianças muito pequenas recebem pouco afeto físico durante o dia. Como um adulto ocupado, é importante aproveitar toda oportunidade para compensar esse déficit quando seu filho pequeno estiver em casa. Isso não significa que você precisa abraçá-lo o tempo todo. Sente-se ao lado dele, com a lateral dos seus corpos encostadas, mesmo que ele não esteja em seu colo, passe um braço ao redor dele enquanto lê uma historinha, divirtam-se com cócegas na hora do banho, e, é claro, se aconchegue a ele na hora de dormir. Esses exemplos ajudarão seu filho a aprender sobre as diferentes formas de afeto físico que são bem-vindas e apropriadas dentro da unidade familiar.

6. **Não brigue nem castigue seu filho por se autotranquilizar**

Uma das maneiras como crianças muito pequenas reagem à falta de contato físico durante o dia é a autotranquilização. Elas podem chupar o dedo, enrolar e mastigar cabelo, ou até brincar com os órgãos genitais. Caso isso aconteça, é importante entender por que a criança está apresentando tais comportamentos: na maioria dos casos, ela simplesmente sente falta da tranquilização do contato físico. Como pai, é importante não brigar, envergonhar nem castigar a criança por se autotranquilizar. A melhor maneira de lidar com esse comportamento tão normal é redirecionar a criança, oferecendo a distração de uma maneira mais apropriada de se acalmar, como lhe dando um brinquedo, um abraço, ou uma brincadeira que estimule o tato.

7. **Comece a ter a conversa do "toque bom, toque ruim" com seu filho mesmo que ele ainda seja muito pequeno**

Especialistas sugerem que essas conversas sejam iniciadas nos anos de pré-escola e continuem durante a transição para o ensino básico em tempo integral e ao longo da infância. Você pode começar com uma lição simples sobre o nome das partes do corpo, usando termos anatomicamente corretos. Então fale sobre quais partes são íntimas. Peça para a criança imaginar um maiô ou uma sunga, e explique que as partes cobertas pela peça são íntimas e não devem ser tocadas. Você pode pedir para a criança se olhar em um espelho e apontar para as partes no reflexo ou usar uma boneca para mostrar as partes proibidas. À medida que a criança for crescendo, retorne a esse assunto e continue reforçando-o de maneiras apropriadas para a idade.

O CONTATO FÍSICO NA TERCEIRA INFÂNCIA

Apesar de bebês receberem muito contato físico dos adultos ao redor durante a primeira infância, essa quantidade vai progressivamente diminuindo com a proximidade da terceira infância, quando encaram a tarefa assustadora de começar o jardim de infância e o ensino básico — um dos períodos mais importantes para o desenvolvimento

CONTATO FÍSICO

social das crianças. Todas as habilidades não verbais do seu filho são necessárias para que ele tenha sucesso nessa transição, porém, como o contato físico é o único expressamente proibido em sala de aula, cabe aos pais dar mais ênfase às orientações sobre essa habilidade.

O CONTATO FÍSICO NA SALA DE AULA

Em 2011, os professores Pamela Owen e Jonathan Gillentine enviaram pesquisas para professores de turmas que iam do jardim de infância até a terceira série para descobrir o que eles achavam sobre o contato físico positivo em sala de aula e como usavam esse canal não verbal específico com os alunos. Os resultados da pesquisa foram claros: mais de 90% dos professores acreditavam que o contato físico positivo ajudava o desenvolvimento emocional, demonstrava carinho, melhorava o humor e reduzia o estresse entre os alunos. Mesmo assim, menos de metade desses professores tinha contato físico com os alunos.[17]

Assim como muitos educadores da pré-escola e do ensino básico, acredito que o contato físico positivo deveria retornar ao ambiente da sala de aula, permitindo que crianças pequenas aprendam sobre o toque de forma segura e estruturada. Caso concorde comigo, procure conversar sobre esse tema importante com os professores e as autoridades da escola do seu filho. Como um primeiro passo, talvez seja interessante apresentar algumas das descobertas mais recentes sobre o contato físico em salas de aula, como o estudo sueco que citei neste capítulo sobre a eficácia do toque na educação. Para iniciar uma conversa sobre o retorno do toque positivo, você pode emprestar sua cópia deste livro para eles e sugerir que leiam este capítulo. Também pode sugerir que convidem um psicólogo, terapeuta ou outro profissional qualificado para conversar com educadores e famílias sobre o assunto.

Minhas três sugestões para autoridades escolares e professores interessados em mudar a cultura do "toque" nas pré-escolas e escolas de ensino básico são as seguintes:

1. Inclua pais e tutores

O ideal é que autoridades escolares e educadores sempre incluam pais e tutores na conversa ao estabelecer novos padrões para a sala de aula. Depois que forem estabelecidas regras claras e bem-definidas sobre o contato físico, elas deverão ser revisadas e atualizadas com as crianças e suas famílias ao longo do ano letivo.

2. Determine parâmetros sobre como e quando o contato físico acontece

Sempre que possível, professores e funcionários em contato com crianças devem garantir que toques aconteçam apenas na presença de outros adultos. Professores e funcionários devem pedir permissão à criança antes de qualquer contato físico ser iniciado.

3. Acrescente o contato físico ao currículo escolar

Ensinar sobre esse importante canal não verbal para as crianças deveria fazer parte do currículo, com os professores explicando a diferença entre toques apropriados e inapropriados, os efeitos negativos de bater, morder e beliscar, e os efeitos positivos do toque social gentil e respeitoso.

CONTATO FÍSICO

DICAS PARA INCENTIVAR O CONTATO FÍSICO POSITIVO NA TERCEIRA INFÂNCIA

1. Continue observando o estilo de contato físico do seu filho

Observe como seu filho interage com os colegas. Ele usa o toque de forma bem-sucedida para forjar novas conexões ou está afastando as outras crianças sem querer? Ele fica em cima de outra criança mesmo quando ela indica por palavras e expressões faciais que esse comportamento é indesejado? Ele tenta agarrar e segurar a mão de um colega sem pedir permissão enquanto caminha e ignora pedidos para "soltar"? Observe se, por outro lado, evita o contato físico apropriado dos outros. Quando ele e os amigos se encontram e trocam abraços, ele se afasta e parece incomodado ou se torna rígido e impassível? Depois que você tiver essas percepções, conseguirá incentivar e redirecionar melhor a criança.

2. Matricule seu filho em esportes coletivos ou em aulas que tenham algum elemento de contato físico

Boas opções são artes marciais, basquete, dança ou até esportes "sem contato", como futebol, que ainda terão rituais com contato físico, como apertos de mão e batidas de punho antes das partidas. Nesses ambientes controlados, as crianças terão oportunidades para lidar com o toque de maneira estruturada e apropriada.

3. Nunca se esqueça do poder de um toque delicado para acalmar ou incentivar seu filho quando ele estiver ansioso

Caso seu filho demonstre nervosismo diante de uma nova sala de aula ou situação social, encoste de leve na parte de trás dos ombros dele enquanto ele entra pela porta. Caso seu filho tenha dificuldade com um dever de casa, sente-se ao seu lado, encostando seus joelhos, para ajudá--lo a fazer a tarefa. Se ele estiver com medo do dentista ou do médico, peça para segurar a mão dele durante a consulta. A proximidade física entre vocês acionará os aferentes C-táteis, mostrando que a criança está segura. Até mesmo o contato mais breve pode fazer a diferença.

4. Ensine seu filho em idade escolar a trocar um aperto de mão

O aperto de mão é uma forma apropriada de toque social que será útil para seu filho na vida adulta. Mostre como estender a mão no ângulo certo e apertar com firmeza, mas não com força, olhando nos olhos da pessoa. Você também pode explicar que, apesar de o gesto ser convencional nos Estados Unidos, nem todas as culturas usam o aperto de mão. Diga que, quando ele se sentir inseguro sobre o que fazer, pode esperar a outra pessoa iniciar o cumprimento e imitá-la.

5. À medida que seu filho for crescendo, retorne à conversa do "toque bom, toque ruim"

Repasse os conceitos básicos, responda a quaisquer dúvidas que a criança tiver e faça uma revisão sobre o assunto. Continue lembrando que é ele quem manda no próprio corpo, e apoie-o quando ele recusar contato físico, mesmo que seja de outro membro da família.

6. Criem juntos uma lista de regras sobre contatos físicos e deixe-a exposta na geladeira ou em um quadro de avisos

É importante que pais determinem regras explícitas sobre o contato físico, ou seu filho precisará aprendê-las do jeito difícil caso ultrapasse algum limite na escola. É interessante usar uma linguagem básica para tornar as regras concretas e compreensíveis. Lembre a ele que tudo que um traje de banho cobre não pode ser tocado, e que qualquer contato físico em outras partes do corpo dos outros deve ser rápido e suave, a menos que faça parte de um esporte ou brincadeira monitorados. Demonstre como fazer contato físico com alguém ao se aproximar pelas costas da pessoa (com um dedo, tocando de leve uma área pequena entre o pescoço e o ombro), ou apresente um desenho ilustrativo. Caso seu filho cometa um erro e faça contatos físicos inapropriados, use a oportunidade para explicar novamente as regras e ensinar a importância de pedir desculpas. Sugira que seu filho peça desculpas em pessoa ou escreva uma carta.

QUANDO A AJUDA DE ESPECIALISTAS É NECESSÁRIA?

Se você, enquanto pai, sentir que seu filho subitamente se tornou sensível demais ao toque, comece conversando com o pediatra para ter certeza de que doenças físicas ou alergias não são o motivo por trás disso. Para algumas crianças com hipersensibilidade, roupas, texturas de comida, escovar os dentes e até abraços podem ser desagradáveis ou dolorosos. Se a hipersensibilidade não tiver uma justificativa física, pode ser interessante que a criança se consulte com um terapeuta ocupacional, que fará uma avaliação formal e poderá sugerir atividades terapêuticas, que muitas vezes poderão ajudá-la a se acostumar com diferentes tipos e pressões de toque. No meio-tempo, avise à criança sempre que for tocar nela, e faça contatos firmes quando necessário — crianças hipersensíveis costumam ter mais repulsa por contatos leves

A ORQUESTRA SILENCIOSA

do que firmes —, e jamais faça cócegas nela. Caso seu filho esteja tendo problemas na escola por "buscar contato físico constantemente", cogite levá-lo para uma avaliação e converse com o professor para encontrar maneiras apropriadas de redirecionar seu foco.

• • •

Como o toque é o único canal não verbal em que contato físico é uma necessidade, é relativamente fácil demonstrá-lo e observá-lo. Nosso próximo canal, a vocalização, é mais difícil de explicar, porque se esconde dentro e entre as palavras que usamos. No entanto, as crianças precisam dominá-lo para se conectarem com outras pessoas de forma significativa.

CAPÍTULO 7

Vocalização

Você consegue entender o que minhas palavras não dizem?

COM TRINTA E POUCOS ANOS E BEM-ARRUMADO EM SEU TERNO DE APARÊNCIA cara, Ben me cumprimentou com um sorriso e um aperto de mão caloroso. Eu me lembro de ter ficado impressionado com sua presença imponente enquanto conversávamos — e achei estranho sua empresa ter me contratado para uma avaliação. O problema era que, após uma subida meteórica pela companhia, Ben havia empacado. De acordo com os supervisores, ele era querido pela maioria das pessoas e respeitado pelos colegas de trabalho em cargos anteriores, porém tinha cometido erros graves em várias interações recentes, não apenas com colegas, mas com potenciais clientes de outras empresas. Mesmo após conversas com superiores, nada havia mudado, e ninguém conseguia explicar esse súbito declínio em eficácia, muito menos Ben. Eu era a última esperança antes que ele perdesse o emprego.

A ORQUESTRA SILENCIOSA

Após nossa conversa e uma série de avaliações cognitivas e de personalidade — incluindo um teste de QI, que mostrou uma inteligência quase genial —, comecei a avaliar as habilidades não verbais de Ben, incluindo a capacidade de identificar emoções em expressões faciais, tons de voz e posturas. Sendo consistente com seu desempenho anterior nas avaliações cognitivas, Ben gabaritou os testes de expressões faciais e posturas e demonstrou compreender como o espaço pessoal deveria ser usado e quando o contato físico era apropriado. Só restava um teste, e partindo do princípio de que ele também passaria com louvor neste último, meu relatório precisaria dizer que não encontrei nada que explicasse por que a escalada meteórica daquele homem na empresa tinha sido interrompida de forma tão brusca.

O último teste avaliava a capacidade de identificar emoções na comunicação verbal: não as palavras em si, mas a maneira como são ditas. Pedi a Ben que ouvisse várias gravações de pessoas falando a mesma frase, "Vou sair da sala agora, mas já volto", porém transmitindo emoções diferentes. Pela primeira vez durante nosso encontro, eu o vi hesitar e parecer nervoso. Ele escutava e determinava uma emoção, mas, então, imediatamente começava a duvidar da sua resposta, dizendo algo como "Bem, talvez não, talvez seja...". Quando terminamos o teste relativamente breve, Ben estava tão agitado que parecia ter acabado de correr uma maratona.

No fim das contas, ele tinha, sim, motivos para se preocupar. A pontuação dele estava no nível esperado para uma criança de 5 anos. Ben simplesmente não conseguia captar e identificar emoções na voz das pessoas e era nítido que ele e as pessoas ao redor não tinham percebido isso. Após algumas perguntas, descobri por que esse problema só havia se tornado aparente nos últimos meses: seu cargo atual era o

VOCALIZAÇÃO

primeiro que o tirava da linha de frente e o colocava no ambiente do escritório. Antes, ele entendia as emoções das pessoas ao interpretar expressões faciais, posturas, gestos e como ocupavam o espaço compartilhado. Entretanto, agora que estava em outro ambiente, todas as interações aconteciam por telefone. Sem a vantagem dos sinais visuais, Ben ficava perdido e ignorava os sinais não verbais necessários para a conversa fluir. Depois que identificamos o problema, os empregadores dele o matricularam em um programa de aprendizado direto e também o realocaram na linha de frente — onde logo voltou a ter sucesso.

POR QUE A VOCALIZAÇÃO É IMPORTANTE

"Vocalização" é um termo genérico que descreve tudo que transmitimos com a voz além das palavras: incluindo o ritmo, o tom, o volume e a ênfase. A complexidade dos significados carregados pela voz é extraordinária. Na verdade, o psicólogo Michael Kraus, da Universidade Yale, concluiu que, quando se trata de transmitir emoções, a vocalização é o canal não verbal mais importante de todos. Com base em sua pesquisa, Kraus chega ao extremo de sugerir que, se quisermos avaliar de verdade como alguém se sente, deveríamos parar de olhar para a pessoa e apenas escutar sua voz. Por exemplo, se alguém nos disser que está "ótimo" em um tom baixo e trêmulo, provavelmente não acreditaremos nisso, nos mostrando mais propensos a confiar em sua intonação.[1]

Pesquisas mostram que há uma associação forte e consistente entre a capacidade de identificar emoções na voz e o sucesso social.[2] Quando eu e a psicóloga Alexia Rothman estudamos o teste de vocalização que faz parte do DANVA — um exame usado em centenas de estudos para avaliar a precisão de crianças em interpretar sinais na voz de outras crianças e adultos —, observamos que quanto maior a pontuação, melhor o ajuste social e melhores os resultados acadêmicos.[3] Esse achado continuou válido mesmo com controles de habilidade cognitiva, idade, sexo e nível de escolaridade dos pais, de acordo com os resultados da pesquisa de Leonor Neves e seus colegas, publicados no *Royal Society Open Science*. E como mostra a história de Ben, se a dificuldade com a vocalização persistir pela vida adulta, não apenas o sucesso social de uma pessoa pode ser afetado, como também o sucesso profissional.

Curiosamente, o grau com que atributos vocálicos influenciam nossa compreensão dos outros vai além das emoções. Cientistas observaram que, se prestarmos atenção na gravação de alguém contando em voz alta de 1 a 10, podemos adivinhar (com resultados melhores do que dando palpites aleatórios) a idade, o sexo, o peso e a saúde geral da pessoa, assim como o idioma nativo, a região do país em que ela viveu na infância e seu status social.

A CIÊNCIA DETERMINA que a vocalização começou há 400 mil anos, com os sons não verbais curtos e emotivos emitidos por primatas, chamados de "rompantes de emoção". À medida que a espécie evoluiu para *Homo sapiens*, a capacidade de compreender o significado desses sons e de usá-los para transmitir mensagens gerou uma vantagem evolutiva. Mesmo antes de termos a linguagem verbal, éramos capazes de captar sinais de angústia de crianças em perigo, compartilhar alertas e diferenciar amigos de inimigos. Com o tempo, passamos a usar palavras com significado verbal concreto, mas a vocalização, tal e qual fazíamos quando éramos primatas, permaneceu, por meios como *volume*, *tom*,

VOCALIZAÇÃO

frequência, ritmo e *ênfase* em nossas vozes.[4]

Palavras fazem várias coisas ao mesmo tempo. Elas carregam informações verbais, é claro, mas não verbais também. Em um dia normal, a maioria das pessoas escuta entre 20 e 30 mil palavras.[5] Apesar de falarmos cerca de 150 palavras por minuto, conseguimos escutar bem mais rápido do que falamos, uma média de 450 palavras por minuto. Isso nos dá tempo de assimilar tanto o conteúdo verbal das palavras de outrem quanto as informações não verbais carregadas por sua vocalização.[6]

Assim como o espaço pessoal de certa forma depende do funcionamento dos neurônios peripessoais, e o toque precisa dos aferentes C-táteis, a capacidade humana de usar a vocalização conta com uma área pequena, mas dinâmica, do cérebro chamada sulco temporal superior. Pesquisas conduzidas pelo psicólogo Simon Leipold e seus colegas na Universidade Standford, usando técnicas avançadas de ressonância magnética funcional, descobriram que o sulco temporal superior se torna mais ativo quando decodificamos as emoções na voz dos outros de forma precisa. A equipe revelou que a área é um centro que conecta a entrada de informações vocálicas com a saída de julgamentos emocionais. A exposição constante a uma variedade de tons, ritmos e outras vocalizações, somada à expressão verbal e não verbal das emoções gera as conexões que desenvolvem essa parte do cérebro.[7]

Assim como Kraus, o psicólogo social Albert Mehrabian acredita que a vocalização é essencial para a interpretação e a transmissão de emoções. Em seu livro *Silent Messages* [Mensagens silenciosas, em tradução livre], ele propôs a regra do 7-38-55, que sugere que apenas 7% do significado emocional é transmitido pelas palavras, enquanto 38% vêm do volume, tom, ritmo, da frequência e ênfase da voz; já os

A ORQUESTRA SILENCIOSA

55% restantes estão em uma mistura de todos os outros canais não verbais (expressões faciais, gestos, posturas, contatos físicos e espaço pessoal). Embora outros psicólogos discordem sobre as porcentagens, a maioria concorda sobre a importância básica da vocalização para expressar nossos sentimentos.[8]

A vocalização também tem um papel importantíssimo na habilidade da persuasão, de acordo com experimentos feitos pelos psicólogos Alex Van Zant, da Universidade Rutgers, e Johan Berger, da Universidade da Pensilvânia. Os dois conduziram experimentos em que os participantes eram orientados a usar uma diversidade de estratégias de vocalização — como variar o ritmo e a frequência da voz — para convencer os outros a comprar um produto. Eles observaram que participantes que falavam bem alto e rápido — sem hesitação — pareciam mais confiantes e, portanto, tinham mais sucesso em convencer os outros a fazerem compras, mesmo quando o comprador estava ciente das táticas de vocalização usadas.[9]

SENDO ASSIM, É importante garantir que as crianças aprendam a usar e a interpretar a vocalização de forma apropriada desde cedo, a fim de garantir a formação de boas conexões com seus colegas no futuro. É isso que este capítulo ajudará você a fazer.

TIPOS DE VOCALIZAÇÃO

Para compreender completamente a natureza da vocalização, é importante entender os vários tipos disponíveis para nosso uso.

Volume: O volume da voz não apenas determina se nossas palavras literalmente serão ouvidas; ele também afeta a maneira

VOCALIZAÇÃO

como somos vistos. Talvez você tenha assistido o clássico esquete do programa de comédia *Saturday Night Live* em que os membros da Família Barulhenta berravam o tempo todo uns com os outros, mesmo em um funeral, causando todo tipo de gafes. Pessoas que falam alto demais, ainda que em ambientes mais adequados do que funerais, costumam ser vistas como agressivas ou dominadoras, enquanto alguém que fala muito baixo pode ser encarado como fraco ou tímido. E, é claro, quando uma pessoa murmura ou fala baixo demais, é fácil perder o significado de suas palavras e as emoções que elas carregam. Lembra do episódio de *Seinfeld* em que Kramer começa a namorar uma "mulher que fala baixo"? Ninguém conseguia entender nada do que a coitada dizia, mas também não queriam pedir que falasse mais alto, e isso gerava tantos problemas sociais para ela quanto os berros da Família Barulhenta. O mesmo vale para crianças: pode parecer fofo falar muito alto ou muito baixo aos 2 anos, mas esses mesmos erros aos 6 podem prejudicar tentativas de desenvolver relacionamentos fora do ambiente familiar.

Frequência: A frequência da voz pode dizer muito sobre nossas emoções. Quando estamos nervosos, sem saber o que fazer ou inseguros, a voz pode se tornar mais aguda. Quando nos sentimos calmos e confiantes, ela pode soar mais estável. No entanto, é importante ter em mente que a maneira como interpretamos a frequência da voz pode ser influenciada por questões de gênero. Após a puberdade, vozes masculinas se tornam mais graves, então podemos acabar atribuindo estereótipos com base nessas frequências variáveis — associando vozes mais agudas à fraqueza e juventude, e vozes mais graves à força e maturidade.

Tom de voz: A mesma sequência exata de palavras pode transmitir uma grande variedade de significados dependendo do tom usado. A maioria de nós já conheceu alguém que usa um tom uniforme, dificultando a percepção de como ele se sente. Pessoas mais expressivas com o tom, por outro lado, transmitem uma série de emoções — entre elas empolgação, sarcasmo, compaixão, desdém, tristeza, suspeita, nervosismo, só para citar alguns exemplos — apenas pela voz. Bebês conseguem captar tons de voz desde muito cedo, mas podem não ter a maturidade para usá-los na própria fala. Antes de começarem a escola em tempo integral, crianças pequenas podem não ter problemas em falar com um tom infantil, porém, à medida que vão envelhecendo, a capacidade de variá-lo de maneira apropriada é essencial para fazer relacionamentos darem certo.

Ritmo: Assim como o tom, o ritmo da sua fala pode transmitir mensagens afetuosas. Nós tendemos a falar rápido quando algo nos agita — seja por estarmos muito empolgados ou muito irritados —, mas usamos um ritmo mais lento quando nos sentimos tristes ou decepcionados. A maioria dos adultos fala cerca de 150 palavras por minuto, porém o ritmo da fala pode variar para cada indivíduo.[10] Por sorte, como discutimos anteriormente, conseguimos ouvir bem mais rápido do que falamos, e falantes rápidos costumam nos incomodar menos do que falantes lentos, com quem logo nos tornamos impacientes: o cérebro processa a informação que a pessoa transmite bem mais rápido do que ela consegue falar. Tenha em mente que uma das melhores formas de se conectar com os outros é reagir ao ritmo da outra pessoa, variando o próprio ritmo para se equiparar ao dela.

Ênfase: Mudar as palavras que desejamos enfatizar pode transformar o significado de uma frase inteira. Para entender a

VOCALIZAÇÃO

diferença que faz, tente ler as frases a seguir em voz alta:

Maria decidiu me emprestar o livro dela. (*Apenas Maria, não outra pessoa.*)

Maria **decidiu** me emprestar o livro dela. (*Reforço que Maria decidiu me emprestar o livro.*)

Maria decidiu **me** emprestar o livro dela. (*Ela não o emprestou para outra pessoa, só para mim.*)

Maria decidiu me **emprestar** o livro dela. (*Ela não vai me dar o livro, só vai emprestá-lo por um tempo.*)

Maria decidiu me emprestar o **livro** dela. (*Ela não me emprestou mais nada, só o livro.*)

Maria decidiu me emprestar o livro **dela**. (*O livro pertence a Maria.*)

Apesar de essas nuances talvez serem ignoradas por crianças pequenas, que ainda estão aprendendo a usar as palavras, as mais velhas podem acabar gerando confusões e desentendimentos caso não consigam usar ou interpretar ênfases do jeito correto.

Interjeições: As interjeições sem significado que tendemos a usar quando falamos também podem ser classificadas como vocalizações. Interjeições como "sabe?" ou "tipo", e sons como "hum" ou pigarros podem ser uma forma de ganhar tempo para encontrarmos a palavra ou expressão correta, porém, se usadas em excesso, podem sugerir que nos falta confiança ou experiência, ou que estamos ansiosos. Crianças muito pequenas têm um passe-livre quando se trata de interjeições, mas talvez você possa corrigi-las com delicadeza se continuarem usando "tipo" ou "sabe?" repetidas vezes depois de começarem a escola em tempo integral, também servindo como exemplo ao diminuir o uso de

175

A ORQUESTRA SILENCIOSA

interjeições em suas falas.

Outras vocalizações: Qualquer barulho feito com a voz que *não* seja uma palavra também é considerado uma vocalização, incluindo rir, chorar, arfar, estalar a língua, suspirar, tossir, e assim por diante. Padrões de som como "hã-hã-hã" ou "hã-hã", que tendem a ser usados com crianças muito pequenas para transmitir instruções como "não faça isso", também se enquadram nessa categoria. Crianças que não aprendem a controlar todos esses muitos barulhos vocálicos podem ser consideradas incômodas pelos professores e sofrer provocações dos colegas.

Crianças que aprendem a usar corretamente a vocalização têm uma grande vantagem quando se trata de comunicação e conexão. Infelizmente, no entanto, o tempo de tela prejudicou bastante a capacidade infantil de identificar emoções transmitidas pela vocalização. Celulares, tablets e computadores transmitem a voz humana, é claro, mas a qualidade, o tom e a frequência podem ser inferiores, e podem ficar de fora a mesma quantidade de informações que recebemos com a riqueza e a complexidade da fala em pessoa. Precisamos fazer mais esforço para nos comunicarmos vocalmente por um sistema audiovisual como o Zoom do que por um meio que utilize apenas o som, como o telefone, ou pessoalmente. Esse aumento de esforço suga a energia mental, aumentando a possibilidade de erros acontecerem.

Os dois anos que passamos usando máscaras durante a pandemia também prejudicaram o desenvolvimento da vocalização infantil. Máscaras abafam sons, dificultando a compreensão não apenas das palavras, mas das emoções por trás delas. Pasquale Bottalico, pesquisador e professor no Departamento de Ciência da Fala e da Escuta

VOCALIZAÇÃO

na Universidade de Illinois, observou que ouvintes reconheciam 46% menos palavras quando o falante usava máscara. Mas foram os *tipos* de erros de interpretação que apresentaram consequências para a expressão emocional. Especificamente, as máscaras dificultam a compreensão de consoantes — e como essas são mais agudas do que as vogais, isso dificultou a compreensão das variações de frequência, um sinal importante para identificarmos emoções.[11] As máscaras também reduzem a distinção entre os sons, ainda mais em ambientes com uma acústica ruim ou barulhos de fundo, como uma sala de aula cheia de crianças. Minhas próprias pesquisas usando o teste de vocalização DANVA mostraram que seu uso dificultou a compreensão de todas as emoções, exceto o medo.[12]

Hoje lidamos com as graves consequências a longo prazo de boa parte da comunicação por vocalização ter acontecido por telas ou em condições artificiais com o uso de máscaras após o retorno das crianças à escola; como um relatório recente observou, os adolescentes de hoje têm dificuldade em interpretar emoções transmitidas pelo tom de voz dos colegas (apesar de terem mais facilidade para interpretar as emoções de adultos).[13]

Como acontece com todos os canais não verbais, também precisamos levar em consideração as diferenças culturais. Apenas recentemente, cientistas começaram a avaliar se a expressão vocal de emoções é universal ou definida por origens culturais. A voz que soa triste para um norte-americano é uma voz triste na China? Os psicólogos Petri Laukka e Hillary Elfenbein analisaram os resultados de estudos que mediram a *expressão* vocal de emoções em 24 grupos culturais diferentes, além da capacidade de *identificar* emoções vocalmente em 42 culturas diferentes. Eles descobriram que a expressão vocal de emoções positivas, como felicidade, não parece ser a mesma em todas as culturas. O que parece ser alegria para uma pessoa dos Estados Unidos pode não gerar a mesma interpretação para alguém do Vietnã, ou até ser entendido como raiva ou medo. Por outro lado, emoções negativas, como tristeza, são reconhecidas com mais facilidade por todos os grupos culturais.[14]

Os achados de Laukka e Elfenbein têm aplicação pedagógica para uma população estudantil cada vez mais culturalmente diversificada. Professores precisam ter mais consciência da possibilidade de os alunos interpretarem errado suas expressões vocais de emoção, assim como a possibilidade de eles próprios estarem se confundindo com as emoções na vocalização dos alunos. Uma forma de diminuir a possibilidade de erros é analisar também as mensagens mais fáceis de serem compreendidas, vindas de outros canais não verbais, como as expressões faciais.

A VOCALIZAÇÃO NA PRIMEIRA E SEGUNDA INFÂNCIAS

As habilidades gêmeas de usar e interpretar emoções na vocalização são formadas na primeira infância e continuam se desenvolvendo ao longo da segunda e terceira. Pesquisas mostram que, durante o terceiro trimestre de gestação, crianças no útero já conseguem responder à voz da mãe — mas não a do pai nem dos irmãos — com movimentos e chutes, e que bebês são capazes de reconhecer e distinguir a voz da mãe da de outros adultos já nas primeiras três semanas de vida.[15] É em parte por isso que bebês *escutam* melhor do que *enxergam* nos primeiros meses após o nascimento, uma vez que o sistema auditivo

VOCALIZAÇÃO

se desenvolve mais rápido do que o visual.[16]

Desde cedo, a maioria dos cuidadores descobre que pode usar a vocalização na forma da voz de bebê — aquilo que psicólogos norte-americanos chamam de "voz de mãe" (porque as pesquisas iniciais eram conduzidas principalmente com elas) ou o *discurso direcionado à crianças* — para chamar a atenção de seus nenéns. Na verdade, existe um bom motivo pelo qual bebês reagem a vozes agudas, cantaroladas, com um ritmo mais lento: seu sistema auditivo ainda é imaturo, então é mais fácil registrar esse tipo de som. No entanto, é importante ter em mente que, apesar de bebês se mostrarem mais propensos a reagir ao discurso direcionado a crianças do que a falas normais, isso não necessariamente significa que eles entendem as emoções sendo transmitidas. Isso só acontece mais tarde, quando aprendem a conectar a frequência e o tom a resultados comportamentais, como receber uma guloseima ou um abraço.

No primeiro ano de vida, o uso e a compreensão da vocalização se aprimoram rápido nos bebês. Com 5 meses, eles começam a diferenciar as emoções apresentadas na voz. Com cerca de 2 anos, crianças passam a usar a própria voz para transmitir emoções.[17] Por exemplo, quando tinha por volta dessa idade, meu filho fingia "chorar" para me deixar com pena dele e também sabia que outras crianças precisavam ser consoladas quando choravam.

Com 3 anos, as crianças são capazes de identificar com precisão os sentimentos transmitidos em cenas rápidas de teatrinho com bonecos, se baseando apenas em sinais vocais e situacionais. Com 4 anos, de acordo com estudos conduzidos pelos psicólogos infantis Bruce Morton e Sandra Trehub, elas dependem mais de palavras para avaliar como os outros se sentem, porém a vocalização volta a ser mais usada à medida que vão crescendo. Como parte de sua pesquisa, eles pediram para crianças com idade entre 4 e 10 anos e jovens adultos para escutarem frases que descreviam eventos felizes ou tristes, como "Minha avó me deu um presente enorme!" ou "Meu cachorro fugiu de casa", faladas em tons alegres ou chateados, que podiam ou não se encaixar no conteúdo da frase. Foi observado que crianças de 4 anos se concentravam apenas no conteúdo da frase para determinar felicidade ou tristeza, enquanto crianças de 6 anos já levavam a vocalização em conta ao tentar discernir significado. Os jovens adultos no estudo amplamente ignoraram as palavras e se basearam na vocalização para julgar a emoção sendo comunicada.[18]

Há cada vez mais evidências de que bebês e crianças pequenas que se tornam proficientes em identificar e expressar emoções pela voz mais cedo têm mais facilidade com vocalizações complexas no futuro.[19] E crianças dependem dos pais e de outros cuidadores para aprenderem a vocalização — talvez mais do que com qualquer outro canal não verbal. Por não existirem regras rígidas sobre frequência, tom e ritmo de fala, uma das principais maneiras de ensinar essas habilidades é servindo de exemplo.[20]

DICAS PARA AJUDAR SEU FILHO MUITO PEQUENO COM A VOCALIZAÇÃO

1. Ofereça exemplos de vocalização propositalmente

Nunca é cedo demais para demonstrar a expressão de vocalizações apropriadas para seu filho. A voz de bebê é adequada para crianças

VOCALIZAÇÃO

pequenas, mas seu uso precisa ir diminuindo após alguns meses. Sem dúvida, quando chega o momento de a criança começar a usar as próprias palavras — por volta dos 2 anos —, é importante falar com ela usando frases completas e em um tom normal. Ao longo dos primeiros anos da infância, sirva deliberadamente de exemplo para seu filho, usando níveis apropriados de frequência, tom, volume, velocidade e sons vocais.

2. Perceba seus próprios padrões de vocalização

A vocalização varia de pessoa para pessoa. Por exemplo, minha esposa vem de uma família de origem norueguesa, e o lado materno da minha família veio da Itália. Como resultado dessas diferenças culturais, minha esposa tende a falar bem baixo, sem muita variação de tom, enquanto eu sou o oposto, falando rápido e com muita ênfase. Como pais e avós, compensamos um ao outro. Se na sua família ou grupo de amigos não houver essa diversidade de vocalização, busque aulas em que estudantes ou professores tenham origens mais diversas. Talvez você possa até cogitar matricular seu filho em um curso de língua estrangeira ou um programa bilíngue para crianças pequenas. As psicólogas Quin Yow e Ellen Markman, baseadas na Universidade de Cambridge, observaram que crianças bilíngues na pré-escola têm mais facilidade para identificar emoções na voz natural de um falante do que os colegas monolíngues.[21]

3. Ensine seu filho sobre falar alto e baixo

A partir dos 2 anos, as crianças precisam aprender a controlar o volume da voz. Uma boa forma de explicar sobre onde é apropriado falar alto ou baixo é explicando o conceito de "ambiente fechado" e "ambiente aberto": volume baixo é para ambientes internos e volume alto é para situações ao ar livre.

4. Incentive seu filho a não choramingar ou chorar para chamar a atenção

Como todo pai sabe, crianças pequenas são incansáveis em suas tentativas de chamar a atenção, frequentemente choramingando com a voz aguda ou falando com a de choro. Quando a criança choraminga, nosso instinto é dar a ela o doce ou o brinquedo (ou seja lá o que ela estiver pedindo) só para fazer o barulho cessar. O problema é que isso transmite a mensagem de que choramingar é uma tática bem-sucedida. Em vez disso, tente dizer: "Peça de novo com sua voz normal, não com voz de choro, e vou lhe dar o que você quer." Você pode ajudar a criança a aprender a diferença entre uma voz de choro e uma voz normal ao exemplificar as duas e pedir para que ela as imite.

5. Divirta-se usando tons emocionais diferentes quando vocês lerem juntos

Outra forma de praticar a vocalização com seu filho é ler livros juntos e usar tons diferentes para os personagens, refletindo como eles se sentem. Se alguém roubasse a concha favorita do Bob Esponja, como ele soaria ao contar sobre esse problema para alguém? O Tigrão parece triste ou feliz quando pergunta ao Guru: "Vamos pular?"? A maioria dos livros infantis abrangem nossas emoções básicas: felicidade, tristeza, raiva e medo.

VOCALIZAÇÃO

6. Faça piadas e brinque com seu filho

Estudos demonstram que quando pais riem mais, os filhos também riem mais. A vocalização da risada funciona como uma cola social, nos conectando pela diversão e a alegria compartilhadas. Isso pode ajudar na formação de conexões sociais no futuro.

A VOCALIZAÇÃO NA TERCEIRA INFÂNCIA

Muito acontece com a vocalização na terceira infância. Durante essa época de desenvolvimento rápido, é comum que crianças cometam erros de interpretação, que podem afetar muito suas interações em sala de aula.

Quando visitei a turma de primeira série de Ethan, encontrei a professora dele irritada com sua aparente relutância em obedecer às instruções dela, especialmente durante as transições entre atividades. A situação tinha se tornado tão ruim que a escola me pediu para avaliar se ele tinha transtorno desafiador opositivo. Crianças com esse diagnóstico se recusam a seguir regras e tendem a fazer o oposto do que lhe pedem; ignoram instruções e são muito resistentes a qualquer tipo de intervenção.

Na minha visita à sala de aula, uma das primeiras coisas que notei foi que a professora cansada conseguia controlar a turma grande usando apenas padrões de som. Seus "hã-hã!", seguidos por um "hã--hã-hã", por exemplo, enviavam às crianças um sinal claro para que parassem o que estavam fazendo e guardassem as coisas. Ethan era o único que não seguia as instruções, mesmo quando ela aumentava a intensidade do padrão de som. Finalmente, a professora ia até ele e dizia com rispidez: "Ethan, pare com isso!". Ethan parava de imediato, mas parecia surpreso e confuso com a irritação da docente. O comportamento era consistente com o comportamento que alguém esperaria de uma criança com transtorno desafiador opositivo, mas achei que o comportamento de Ethan podia ter outra causa — uma que seria bem mais fácil de solucionar.

Fui à casa dele para conversar com seus pais e tentar desvendar as origens de suas dificuldades. Lá, observei que a família era barulhenta, o que significava que as pessoas falavam alto para chamar a atenção umas das outras. Comunicações mais sutis e discretas, como as da professora de Ethan, simplesmente não existiam. Percebi que o problema do menino não era ser desafiador, mas vir de um lar em que não tivera oportunidades para aprender os padrões de som sutis usados pela professora — e que por isso acabavam passando despercebidos. Depois que a professora se tornou ciente do fato, trabalhou sozinha com Ethan e notou que ele aprendeu os sinais vocais bem rápido após receber explicações. Depois disso, o comportamento melhorou muito.

Como vimos, crianças pequenas costumam depender principalmente de expressões faciais para interpretar emoções — tanto o conteúdo das palavras quanto as entonações vocálicas são amplamente ignoradas por elas. Na terceira infância, isso muda bastante, de forma que, quando as crianças terminam o ensino primário, já chegaram ao ponto em que devem conseguir se basear na vocalização para interpretar e enviar mensagens emocionais. Por exemplo, se você disser a uma criança de 4 anos que está feliz com uma voz extremamente tristonha, é provável que ela sorria e diga que também está. Mas, ao fazer a mesma coisa com uma criança de 10 anos, ela provavelmente dirá que

VOCALIZAÇÃO

sente muito por você estar triste. Ela já é capaz de usar a vocalização para desvendar os significados por trás das mensagens que recebe.

Na terceira infância, a vocalização abre um novo mundo de potencial para comunicações sociais com os colegas, incluindo o uso correto de sarcasmo para transmitir humor ou irritação. O sarcasmo depende da vocalização por usar entonação, ênfase e frequência para insinuar um significado diferente do das palavras sendo usadas. Como resultado, para o sarcasmo funcionar, as crianças precisam estar no estágio de desenvolvimento em que a vocalização começa a ter mais importância do que as palavras. Em uma das minhas visitas escolares mais recentes, ouvi um garoto mais velho dizer com a voz cheia de desdém "Que camisa bonita" para um menino mais novo, com a intenção de envergonhá-lo. Só que o menino tinha uma idade em que as palavras indicavam mais do que o tom de voz, e simplesmente sorriu, respondendo "Obrigado". Além de aprenderem como detectar sarcasmo, as crianças também precisam entender que essa ferramenta jamais deve ser usada para magoar os outros.

No geral, erros de interpretação e expressão na vocalização podem interferir muito nas tentativas da criança de fazer amizades. Vejamos, por exemplo, Teresa, uma menina doce e bem-intencionada, que tem tendência a confundir medo com alegria em tons de voz. Sem a capacidade de detectar medo na voz de uma colega de classe que se recusa a participar de uma brincadeira, a reação dela pode ser puxar a outra criança apesar de seus protestos. Só que, ao fazer isso, ela provavelmente se sentirá rejeitada quando a colega gritar com ela ou sair correndo. Como Teresa interpretará isso? Assim como a maioria das crianças, ela não entende seus erros de vocalização — na sua cabeça, só estava tentando interagir com uma colega de classe, mas acaba se sentindo desprezada.

Na terceira infância, algumas crianças podem enfatizar o discurso e tagarelar de forma monótona, enquanto outras podem usar tons em excesso, a voz subindo e descendo como cavalinhos de um carrossel. Caso seu filho se comporte de alguma dessas duas formas, você pode demonstrar como falar de maneira mais equilibrada, incentivando-o a fazer o mesmo.

Também é importante que crianças reajam ao ritmo da fala dos outros. Como modular o próprio ritmo quando ele não se encaixa no dos outros? A maioria das crianças tem uma velocidade preferida de fala, mas elas precisam entender que seu ritmo pode ser diferente dos outros, sendo flexíveis o suficiente para falar mais rápido ou mais devagar a depender da situação. Isso se chama sincronia — a capacidade de adaptar a velocidade da própria fala à das pessoas com quem interagimos. Pesquisas mostram que, quando as interações vocais das crianças estão em sincronia, as chances de um relacionamento ser iniciado de forma bem-sucedida aumenta.[22] Curiosamente, após o relacionamento passar da fase da iniciativa, esse aspecto se torna menos importante. Porém, sem a sincronia no momento em que as pessoas ainda estão se conhecendo, as relações não passam dos estágios iniciais.

DICAS PARA AJUDAR SEU FILHO A MELHORAR A VOCALIZAÇÃO NA TERCEIRA INFÂNCIA

1. Evite mensagens confusas

O aprendizado dessa habilidade não verbal é um exercício de reconhecimento de padrões. Dessa forma, evite confundir seu filho ao

VOCALIZAÇÃO

falar com ele com uma voz alegre enquanto suas palavras e expressões faciais transmitem tristeza ou raiva, e vice-versa.

2. Abandone maus hábitos (de vocalização)

Nessa fase, é bom servir de exemplo para seu filho sobre como falar sem interjeições excessivas (como "tipo" ou "sabe?"), de forma que ele não adote esse tique vocal específico.

3. Grave a voz do seu filho — e deixe que ele escute as gravações

Ninguém gosta de ouvir uma gravação da própria voz, mas, mesmo assim, essa é a melhor maneira de entendermos como soamos para os outros. Você pode tornar a atividade prazerosa para a criança ao transformá-la em uma brincadeira. Peça para que ele diga uma frase boba, como "A mamãe é fedida, e o papai é mais fedido ainda, mas o [nome do irmão] é o mais fedido de todos!", com voz normal, e grave-o no celular. Então toque a gravação e explique que ele pode mudar a voz de várias formas. Peça para repetir a frase em um tom mais alto e mais baixo, em um ritmo mais acelerado e mais lento, em uma frequência mais aguda e mais grave, com mais e com menos intensidade. Grave cada frase e então escutem juntos os resultados.

4. Peça para seu filho identificar a mensagem emocional por trás do seu tom de voz

Diga a mesma frase do exemplo anterior com tons emocionais diferentes, como se você estivesse feliz, triste, com medo, com raiva e assim por diante. Veja se a criança consegue perceber a diferença.

5. Demonstre como a ênfase funciona

Escolha uma frase simples, como o exemplo oferecido mais cedo neste capítulo — "Maria decidiu me emprestar o livro dela" —, e diga-a em voz alta para seu filho, enfatizando uma palavra diferente a cada repetição. Explique que a ênfase muda o significado do que dizemos. Ao conseguir que ele repita suas ênfases, você também estará ensinando como criar uma sincronia com outras pessoas.

6. Brinque de adivinhação

Assistam juntos a um vídeo, mas peça para a criança não olhar a tela e dizer o que as pessoas estão sentindo apenas escutando a voz delas. Então, passe o vídeo de novo, deixando que ela veja os rostos e a linguagem corporal para avaliar se os palpites estavam corretos. Algumas crianças terão mais ou menos facilidade em captar as emoções transmitidas por vocalização dependendo da idade do falante; vídeos ajudarão seu filho a ser exposto a qualidades vocais de várias faixas etárias.

7. Brinque de "quente" e "frio"

Esconda algo pela casa ou no quintal e use apenas sua voz para comunicar quando a criança estiver se aproximando ou se afastando. Essa é uma ótima brincadeira para um grupo de crianças em uma festa ou em um encontro de amiguinhos.

8. Evite o sarcasmo ao seu comunicar com a criança (ou perto dela) — mas explique sua função mesmo assim

O sarcasmo costuma ser usado em interações adultas, mas deve ser evitado com ou na frente de crianças pequenas, pois elas podem ficar

VOCALIZAÇÃO

confusas (e até minar sua autoridade) caso você frequentemente diga uma coisa e queira dizer outra. Ao mesmo tempo, seu filho pode se deparar com o sarcasmo vindo de outros adultos e colegas, então é importante explicar como funciona. Ofereça exemplos de mensagens sarcásticas e não sarcásticas para ele, explicando também que esse recurso nunca deve ser usado para magoar os outros.

QUANDO A AJUDA DE ESPECIALISTAS É NECESSÁRIA?

Caso você ache que seu filho tem muita dificuldade em interpretar e transmitir vocalizações, pode ser interessante levá-lo para uma audiometria. Entre duas e três a cada mil crianças por ano são diagnosticadas com dificuldades de audição nos Estados Unidos, e como exames de audição não são feitos com a mesma frequência que os de visão, seu filho pode ter um problema auditivo ainda não detectado.

Se não houver qualquer dificuldade nesse sentido, tente um dos vários testes disponíveis para verificar a habilidade da criança de captar emoção em vozes, incluindo os testes DANVA. Psicólogos infantis clínicos e especialistas em transtornos de aprendizagem têm acesso a testes e intervenções necessários para ajudar crianças a melhorar habilidades de vocalização, mas fonoaudiólogos têm mais experiência em lidar com a vocalização, assim como outras dificuldades de fala, como gagueira, ceceio e disartria.

• • •

A ORQUESTRA SILENCIOSA

AGORA QUE FALAMOS sobre o papel dos sons vocais na comunicação não verbal, vamos nos voltar para os movimentos do corpo e como eles expressam e captam emoções.

A linguagem corporal é o sexto dos principais canais não verbais e inclui gestos, posturas e objetos (aquilo que usamos no corpo). Além de transmitir informações emocionais únicas, a linguagem corporal amplifica ou diminui os sentimentos apresentados pelo ritmo, expressões faciais, espaço pessoal, contato físico e vocalização. Esse aspecto crucial da comunicação não verbal será apresentado no próximo capítulo.

CAPÍTULO 8

Linguagem corporal

O guarda de trânsito no cruzamento

CONFESSO QUE, GRAÇAS EM GRANDE PARTE AOS MEUS PAIS, TENHO MUITO talento para enviar e receber informações por linguagem corporal. Minha mãe, que era italiana, era incapaz de sentir uma emoção sem expressá-la imediatamente com as mãos, os braços, os ombros e a postura em geral. Se a comida não ficasse como tinha planejado, por exemplo, ela primeiro limpava as mãos no avental e então as erguia para o teto, sacudindo-as em frustração. Com meu pai, a coisa mudava de figura. Ele era um homem grande, vindo de uma família polonesa em que poucas emoções eram esboçadas no geral, e por gestos, menos ainda. Quando criança, precisei aprender a observá-lo com atenção para captar as indicações gestuais discretas de seu humor: uma sobrancelha erguida, ombros um pouco curvados, as mãos apertadas em punhos, todos sinais sutis de que ele estava nervoso.

As experiências com esses estilos distintos e opostos me deram habilidades sociais úteis não apenas durante a infância, mas também ao longo da adolescência e da vida adulta. Graças a meu pai, me tornei especialista em notar e interpretar sinais da linguagem corporal que nem sempre eram perceptíveis para outras crianças. Alguns dos meus professores no ensino fundamental e médio não se expressavam muito por gestos, porém prestar atenção a seus movimentos mais sutis me mostrava o que eles tentavam transmitir, me ajudando a aprender melhor em sala de aula.

Ao mesmo tempo, a linguagem corporal dramática de minha mãe me ensinou a importância de ser gestualmente expressivo. Embora eu seja grato por meu pai sempre que, em uma sessão de terapia, estou diante de um paciente calado que pouco revela verbalmente, mas que conta muitas coisas com a postura tensa ou a maneira como fica mexendo os dedos; também sou grato por minha mãe quando estou dando aula em uma sala grande e preciso me conectar com centenas de alunos, mesmo aqueles que estão nas últimas fileiras. Nem sempre me dou conta de quanto uso a linguagem corporal enquanto caminho pela sala de aula, com os braços e as mãos em constante movimento. Entretanto, depois, quando começo a sentir dores nos braços e ombros, sei que estava incorporando traços de minha mãe italiana.

Neste capítulo, veremos como o corpo humano é um instrumento incrível de comunicação social. A maneira como nos sentamos, ficamos de pé, movemos mãos, posicionamos os braços, concordamos com a cabeça, inclinamos o tronco, caminhamos e nos mexemos transmite uma vasta gama de informações emocionais sobre nós. E, por sua vez, a linguagem corporal dos outros também nos permite inferir uma variedade de informações emocionais sobre eles. Com frequência, gestos e postura são acompanhados por outras formas de comunicação não verbal que ampliam nossa compreensão dessas mensagens emocionais.

LINGUAGEM CORPORAL

Por exemplo, quando alguém sorri, isso pode transmitir animação; entretanto, se ela concorda vigorosamente com a cabeça ao mesmo tempo, é mais provável que ela esteja sentindo alegria. Por outro lado, quando uma pessoa sorridente tem uma postura dura, rígida, com o corpo virado para o outro lado, uma emoção diferente é transmitida, provavelmente mais complexa do que uma simples felicidade.

O aprendizado da linguagem corporal não é fácil para crianças. Para começo de conversa, a quantidade de possíveis gestos disponíveis para uso é vasta. Pense no simples, porém essencial, gesto de "pare", uma mão esticada diante de nós, com a palma voltada para fora. Esse gesto universal pode ter significados diferentes — desde "Talvez seja melhor você chegar um pouco para trás" até "Não chegue perto de mim!", e tudo mais entre esses extremos — a depender do ângulo da mão e da velocidade com que ela for impulsionada. Na verdade, o psicólogo Maurice Krout identificou mais de cinco mil posições de mão significativas,[1] e o antropólogo Gordon Hewes isolou mais de mil posturas corporais no total.[2] Embora a maioria envolva mãos e torso, qualquer parte do corpo tem capacidade de transmitir uma mensagem emocional.

Psicólogos que estudam comunicação não verbal tendem a classificar gestos e posturas em uma de quatro categorias: simbólicos, ilustrativos, reguladores e indicadores de estado emocional. Os *simbólicos* são os gestos — em geral com as mãos — que possuem equivalentes verbais, como o de "pare". Outros exemplos são o famoso *V* de vitória de Churchill, um aceno de despedida, levar uma mão à orelha para indicar a incapacidade de ouvir alguém, ou uma joinha para indicar "tudo bem". Os *ilustrativos*, por outro lado, não transmitem uma mensagem distinta, mas ajudam a esclarecer aquilo que o falante tenta comunicar. Por exemplo, uma movimentação enfática das mãos sugere que o falante está empolgado por tecer um comentário importante (ou, no caso da minha mãe, qualquer comentário), enquanto punhos cerrados são um sinal de que a pessoa está com raiva, frustrada ou na defensiva. Gestos ilustrativos frequentemente envolvem as mãos, o torso ou até o corpo inteiro, como no caso de alguém pulando para cima e para baixo e dando socos no ar ao contar que recebeu uma notícia incrível. Já os *reguladores* indicam alternância, algo essencial para qualquer interação social bem-sucedida, e incluem concordar com a cabeça, se inclinar para a frente ou para trás, e gestos de mão direcionadas para outra pessoa, sinalizando um convite para que ela fale. Os *indicadores de estado emocional*, o quarto e último tipo de gesto, são os equivalentes emocionais dos *simbólicos* e transmitem uma mensagem sentimental distinta, como sacudir um punho fechado em raiva, dar de ombros para transmitir confusão, ou colocar a cabeça entre as mãos para mostrar tristeza.[3]

Para entender o poder dos gestos em nossa vida, basta imaginar um guarda de trânsito parado em um cruzamento movimentado, com carros indo e vindo em todas as direções, e refletir como uma simples pessoa usando o uniforme correto é capaz de controlar os movimentos e a direção de vários carros e pedestres, direcionando o trânsito apenas com a postura, os braços e as mãos. No dia a dia, gestos e posturas funcionam de maneira mais sutil, geralmente fora de nossa percepção consciente, mas, assim como o guarda de trânsito, direcionam e controlam o fluxo de nossas interações. E, sem, nossas tentativas de participar da troca necessária para interações significativas pode acabar se parecendo com o engarrafamento e a confusão de um cruzamento movimentado cujo semáforo esteja quebrado.

POR QUE A LINGUAGEM CORPORAL É IMPORTANTE

A linguagem corporal se diferencia de outras formas de comunicação não verbal de várias maneiras importantes. Para começo de conversa, ela é a mais difícil de fingir. Até atores veteranos de teatro e cinema têm dificuldade para adaptar a linguagem corporal a diferentes papéis — e isso acontece porque gestos e posturas são quase tão inatos quanto o DNA e simplesmente não são tão fáceis de controlar quanto expressões faciais e vocais.

Outra distinção desse canal não verbal específico é a dificuldade, ou talvez impossibilidade, de desligá-lo. Você já ficou observando duas pessoas conversando do lado oposto da sala? Os corpos delas estão em constante movimento. A maioria das pessoas não consegue parar quieta nem quando fala ao telefone. Os braços e as mãos, e às vezes as pernas e a posição da cabeça, mudam o tempo todo, como se a pessoa do outro lado da linha estivesse diante delas. Conscientes ou não, todo movimento que fazemos envia informações sociais e emocionais — mesmo quando estamos imóveis, dizemos algo com nossa postura.

Além disso, o cérebro registra informações sociais e emocionais transmitidas pela linguagem corporal mais rápido do que por qualquer outro canal não verbal. Em um estudo fascinante, Hanneke Meeren e seus colegas na Universidade Tilburg, na Holanda, mostraram a participantes fotos nas quais a emoção no rosto da pessoa contradizia a emoção transmitida pela linguagem corporal (como alguém sorridente com uma postura desanimada). Tanto a resposta verbal dos participantes quanto as medidas de sua atividade elétrica cerebral mostraram claramente que, quando dois canais não verbais enviam mensagens conflituosas, a emoção comunicada pelo corpo ganhava da expressão facial. Os pesquisadores concluíram que isso acontece porque o cérebro recebe e processa as informações emocionais sociais do corpo mais rápido do que as informações enviadas pelo rosto.[4] Podemos concluir que a habilidade de interpretar gestos pode nos dar uma grande vantagem para avaliar como os outros se sentem. Caso, por exemplo, alguém cumprimente você com os ombros erguidos na direção das orelhas e punhos cerrados na lateral do corpo, seria correto concluir que ela está com raiva, mesmo que ela sorria e diga com palavras que está feliz em lhe ver.

A maneira como andamos também transmite informações sobre nossos sentimentos. Ao entrarmos em um lugar com os ombros para trás e a cabeça erguida, imediatamente projetamos um ar de confiança e equilíbrio para as pessoas ao redor — e projetar confiança faz com sejamos vistos de maneira mais positiva. Por outro lado, se entramos em um lugar com os ombros caídos, o pescoço curvado para a frente e o queixo e os olhos voltados para o chão, as pessoas podem achar que nosso dia não está indo bem ou, pior, que não queremos estar ali.

Apesar da vantagem oferecida por uma interpretação correta da linguagem corporal, tendemos a passar uma quantidade surpreendente de tempo prestando atenção àquilo que vozes e rostos comunicam. Os psicólogos Marianne Gullberg e Kenneth Holmqvist observaram que, durante interações, passamos mais de 90% do tempo olhando para o rosto dos outros, dedicando apenas uma pequena porcentagem a outras fontes de informação não verbal enviadas do restante do corpo.[5] Ainda assim, há inúmeras situações em que somos forçados a contar com a linguagem corporal porque os outros canais não verbais estão bloqueados ou comprometidos. Quando alguém está parado a uma grande distância de nós, por exemplo, precisamos usar gestos e a

LINGUAGEM CORPORAL

postura para avaliar o estado emocional da pessoa; não conseguimos ver a expressão facial nem ouvir o tom de voz. Adultos fazem isso por instinto em eventos sociais quando decidem se aproximar ou não de alguém — se a linguagem corporal do outro estiver aberta e amigável, a pessoa irá até ela para se apresentar; porém, se a linguagem corporal diz que o outro está fechado ou de mau humor, a pessoa ficará longe. Durante a pandemia, quando a maioria das escolas impôs regras rígidas de distanciamento social, gestos e posturas se tornaram a principal fonte de informações emocionais para as crianças. Com estudantes mantendo dois metros de distância uns dos outros — o que dificultava ainda mais a interpretação dos rostos e das vozes que já estavam mascarados, distorcidos por telas ou comprometidos de outra maneira —, a linguagem corporal se tornou o método de comunicação não verbal mais confiável para professores e estudantes.

GESTOS, ANDADURA E POSTURA

A capacidade de adaptar a linguagem corporal a diferentes situações tem um papel importante no sucesso social ao longo da vida. Ainda consigo ver Ricardo, um menino de 9 anos em uma escola de ensino fundamental onde eu observava várias turmas, usando gestos expressivos que o ajudaram a se tornar um líder popular. Quando chegou o momento de eleger um capitão para o time de futebol da escola, Ricardo foi a escolha óbvia. Quando o time ia bem, ele corria ao redor dos colegas com um entusiasmo contagiante, gritando de alegria e agitando os braços, fazendo joinhas para os espectadores, dando tapas nas costas dos colegas de time ou batendo em suas mãos. Quando o

A ORQUESTRA SILENCIOSA

time estava perdendo, ele consolava os outros dando de ombros de um jeito exagerado, que parecia dizer "Você fez o que podia!", ou erguendo os braços acima da cabeça em um gesto que indicava "Vamos lá!", motivando os companheiros. Apesar do talento como jogador, duvido que Ricardo teria sido escolhido para esse papel de liderança se não fosse igualmente habilidoso em usar esse vocabulário não verbal para unir e inspirar o time.

Pesquisas também mostram que pessoas que usam gestos com fluência e frequência são mais interessantes e simpáticas nas interações, tendo maior facilidade para se conectar com as outras. Na popular palestra que Amy Cuddy deu ao TED em 2012, "Sua linguagem corporal molda quem você é", a psicóloga social declara que dois minutos de "pose de poder" para relaxar antes de uma entrevista de trabalho podem aumentar as chances de impressionar os entrevistadores e conseguir a vaga.[6] Falando em palestras do TED, uma avaliação recente de apresentadores do TED conduzida pela escritora Vanessa Van Edwards revelou que os palestrantes mais populares usaram quase o dobro de gestos durante suas apresentações do que os menos populares. Os *tipos* de gestos também causaram um grande impacto. Palestrantes populares se mostraram mais propensos a usar sete tipos específicos de gestos, incluindo um em que as mãos são posicionadas a cerca de 45 centímetros de distância, como se o palestrante tentasse demonstrar o tamanho de um objeto invisível (também chamado de "medida do pão"), e outro em que o dedão (e não o indicador, que é associado a broncas) é erguido para enfatizar uma informação importante (o chamado "argumento do punho").[7]

Allan Pease, da Universidade Macquarie, um dos palestrantes mais elogiados e assistidos do TED, sugere que um dos possíveis motivos

LINGUAGEM CORPORAL

para gestos causarem um impacto tão grande é que há mais conexões cerebrais com a mão humana do que com qualquer outra parte do corpo.[8] Sendo assim, talvez a mensagem para crianças que vivem se remexendo não devesse ser necessariamente que elas parem quietas, mas que aprendam a aproveitar a tendência a fazer gestos expressivos.

A postura e a andadura também podem afetar bastante a maneira como somos vistos. Por exemplo, pessoas cujos braços, pernas e torso são usados em movimentos fluidos enquanto elas falam costumam ser consideradas mais confiantes do que aquelas que caminham com um passo hesitante ou duro. Na verdade, uma pesquisa conduzida pelos psicólogos Brittany Blaskovits e Craig Bennell descobriu que pessoas com tendência a dar passos mais longos ou mais curtos do que o normal, alternar o peso ao andar, ativar apenas uma parte do corpo, mover apenas um lado do corpo por vez ou levantar os pés um pouco acima do normal eram mais propensas a sofrer bullying ou até assédio.[9] Blaskovits e Bennell também observaram que indivíduos com tendência a praticar bullying pareciam especialmente talentosos para reconhecer esses sinais de vulnerabilidade no estilo de andadura dos outros.

A boa notícia é que a maneira como andamos e nos apresentamos é aprendida. A criança que se conduz de maneira que chama a atenção para o bullying, por exemplo, pode ser ensinada a manter a postura mais ereta e confiante a fim de evitar ser vista como uma vítima. Caso você não tenha crescido em uma área urbana ou nas proximidades, talvez se lembre de receber o seguinte conselho ao visitar uma cidade grande pela primeira vez: para evitar ser alvo de um crime, caminhe rápido, olhe para baixo e evite contato visual. A filha adolescente de um amigo recebeu esse exato conselho antes de ir para Nova York para um estágio durante as férias de verão; ela o seguiu à risca e permaneceu em segurança durante a viagem. E essa é apenas uma das muitas maneiras de educarmos nossos filhos sobre como tirar vantagem da linguagem corporal.

Embora o domínio desse canal não verbal específico possa apresentar grandes vantagens sociais e acadêmicas, a maioria dos pais, educadores e cuidadores não gasta muito tempo pensando nas maneiras como usamos o corpo para nos comunicarmos. Mesmo que alguns adultos possam ter algum conhecimento sobre "poses de poder" no ambiente de trabalho, poucos são bem-versados na importância da linguagem corporal em casa e na sala de aula. E apesar de pais que usam linguagem corporal mais expressiva terem filhos que usam linguagem corporal mais expressiva — como foi o meu caso com minha mãe —, a maioria não oferece muitas orientações aos filhos sobre o assunto.

Para esse canal não verbal específico, a percepção pode fazer uma grande diferença. Mais uma vez, há um episódio clássico de *Seinfeld* que ilustra esse argumento. "A piscada" começa com Jerry tomando café com Elaine e George em um restaurante. Enquanto Jerry devora uma toranja, acidentalmente espirra o suco no olho de George, fazendo com que ele pisque, incomodado. Após o café, George vai trabalhar, só que, sem perceber, continua piscando. Mais tarde naquela manhã, o presidente da empresa pergunta a ele o que está achando do novo supervisor. George garante ao presidente que está tudo bem, acrescentando que gosta de trabalhar com o supervisor — e então pisca. O presidente, que obviamente não sabe sobre o incidente com a toranja, interpreta o gesto involuntário como uma piscadela que indica o significado oposto das palavras que acabaram de ser ditas, e pergunta se George está tendo algum problema com ele, ao que George responde:

LINGUAGEM CORPORAL

— Ele está fazendo um ótimo trabalho. — E pisca de novo!

Então o presidente responde:

— Entendi!

As piscadas involuntárias negaram as palavras de George e distorceram tudo que tentava transmitir. Isso acontece várias outras vezes ao longo do episódio, e, no fim do dia, todo mundo que interagiu com George está irritado com ele — mas que ele não entende por quê.

Assim como George, crianças que não entendem como ler ou expressar linguagem corporal podem não perceber por que estão afastando os outros — ainda mais se ninguém explicar seus erros. Imagine uma criança que está o tempo todo fechando os punhos, sem perceber que os colegas interpretam o gesto como raiva, quando, na verdade, ela só está se sentindo nervosa. Sem a interferência de um adulto para corrigir esse erro, ela pode continuar tendo dificuldades sociais sem motivo.

Assim como com todos os outros canais não verbais, é importante reconhecer o papel das diferenças culturais. Como argumenta Desmond Morris, um especialista em gestos internacionalmente renomado, muitos gestos são específicos de determinadas culturas, e, por isso, devemos tomar cuidado ao usá-los em ambientes culturais diferentes dos nossos. Alguns gestos positivos na cultura norte-americana — como o popular gesto de "OK", o de joinha e o *V* de vitória ou paz — são obscenos em outros lugares.[10] Roger Axtell, autor de *Essential Do's and Taboos* [Possibilidades e tabus básicos, em tradução livre], se dedicou a escrever sobre os erros que os norte-americanos cometem em viagens de trabalho por presumirem que seus gestos significam a mesma coisa no mundo todo. Um exemplo especialmente vergonhoso foi o de George W. Bush durante o desfile inaugural da presidência em 2005, quando ergueu as mãos com os punhos fechados e apenas o indicador e o mindinho levantados, fazendo o famoso "chifrinho", para cumprimentar a banda marcial da Universidade do Texas, cujo símbolo é a silhueta de um touro, em sua passagem. Quando a foto foi publicada pelo mundo, o presidente descobriu que, sem querer, havia irritado ou ofendido os habitantes da Itália, onde o gesto significa "sua esposa está lhe traindo"; da Noruega, onde as pessoas acharam que ele estava homenageando Satanás; e em partes da África, onde alguns estavam convencidos de que ele lançava uma maldição. Esse alerta é outro lembrete da complexidade cultural da linguagem não verbal.[11]

USO DE ACESSÓRIOS

O uso de acessórios envolve roupas, aromas e outros itens que colocamos no corpo para transmitir informações a nosso respeito. Embora não se trate exatamente de linguagem corporal, de muitas formas esses acessórios atuam como uma extensão do nosso corpo e são outra maneira não verbal de expressarmos para o mundo exterior sentimentos e as coisas com as quais nos importamos. Como adultos, tomamos decisões sobre o que colocamos no corpo com base não apenas no que queremos transmitir sobre nós mesmos, mas também nas regras sociais de qualquer situação ou ambiente. A maioria das pessoas entende que as roupas usadas para um dia de trabalho não são adequadas para um evento formal, como um casamento ou um baile de gala, e que o expediente no escritório exige trajes diferentes daqueles que usaríamos para resolver coisas na rua ou ir à academia. Da mesma forma, tomamos banho, penteamos o cabelo, escovamos os

LINGUAGEM CORPORAL

dentes e mantemos as roupas limpas para nos apresentarmos de forma aceitável para os outros. Como adultos, ensinamos essas normas para nossos filhos por meio do exemplo e os ajudamos a tomar decisões apropriadas tentando respeitar sua necessidade de autoexpressão.

Apesar de toda a atenção que prestamos à aparência externa, muitos pais dizem para os filhos que "o importante é quem você é por dentro". É uma declaração bem-intencionada, é claro, mas ela ignora a realidade de que a maioria das crianças em idade escolar, assim como os adultos, precisa seguir uma série de regras e normas implícitas para ser aceita pelos colegas. E apesar de uniformes serem menos prevalentes hoje do que quando eu era jovem, as regras de vestimenta não oficiais existem, e quebrá-las permanece sendo muito nocivo para as crianças.

Crianças pequenas são surpreendentemente atentas ao que certos trajes indicam sobre elas e os amigos, e é essencial que pais compreendam o papel das roupas na vida delas. Já desde a pré-escola, as roupas são uma forma de criar conexões emocionais e sinalizar que pertencem a certo grupo. Essa pode ser uma questão bem complexa, pois os panoramas vivem em constante mudança. Aquilo que certo "look" diz sobre uma criança na primeira série pode significar algo bem diferente na segunda. Além disso, elas entram e saem o tempo todo de novos grupos de amigos e experimentam identidades diferentes — e as roupas que as acompanham. Como pais, é importante entender essa experimentação como uma parte saudável do amadurecimento.

Também é importante que adultos compreendam até que ponto o tipo "errado" de camisa, boné, acessório ou corte de cabelo pode acabar com as tentativas de uma criança se conectar com as outras. Para um pai, a diferença entre uma camisa ou outra pode parecer insignificante, porém outros alunos interpretam as mensagens discretas transmitidas por essas escolhas — que adultos podem não entender nem notar.

A ORQUESTRA SILENCIOSA

Eu me lembro de um menino com quem trabalhei, Mateo, que estava na terceira série e tinha dificuldade para fazer amizade na escola. Um dia, ele chegou em casa chorando e disse aos pais que as outras crianças zombavam das camisetas dele, que frequentemente exibiam flores, ursinhos e balões. Os pais achavam que eram fofas, divertidas e inofensivas, mas para os colegas de classe do filho, elas pareciam infantis. Após o anúncio do filho, os pais podiam muito bem ter seguido a abordagem "roupas não são importantes, o que conta é quem você é por dentro", mas entenderam a necessidade de Mateo se encaixar. Assim, passaram a deixá-lo escolher as próprias camisetas, e, depois disso, ele foi muito mais feliz na escola.

Dessa forma, sim, você deve mostrar ao seu filho que ele é valorizado e amado independentemente das roupas que usa, mas também pode dar a ele as ferramentas de que precisa para tomar decisões intencionais. Isso significa ajudá-lo a entender como transmitir uma imagem não apenas apropriada para a idade, mas que também envie a mensagem desejada sobre quem ele é e onde se enxerga dentro do grupo maior de colegas. Algumas crianças podem não se importar em seguir o próprio caminho e usar roupas diferentes das dos amigos, e não há problema algum nisso, se essa for a intenção dela. Mas, para uma criança que *deseja* se encaixar e tem dificuldade, é importante demonstrar sensibilidade pela necessidade de ser aceito pelos outros.

Há muitas maneiras de orientar e oferecer apoio ao seu filho quando se trata do uso de acessórios — mesmo que você precise dedicar tempo para aprender sobre o mundo que ele habita e a maneira como as crianças nesse mundo se vestem (que pode ser bem diferente

LINGUAGEM CORPORAL

da maneira como você se vestia quando era mais jovem), e também ouvir as indicações dele sobre o que o faria se sentir mais à vontade, seja isso um tipo específico de roupa, acessórios brilhantes para o cabelo, pulseiras elásticas coloridas ou qualquer outro apetrecho exterior que esteja na moda.

É claro que essas coisas ganharão bem mais importância no começo da adolescência, porém é no início do ensino fundamental que a criança começa a entender como as informações sociais são transmitidas por roupas e outros acessórios. O desenvolvimento dessa compreensão na infância forma uma base forte para as habilidades não verbais de que ela precisará para se expressar de forma autêntica, fazer amizades e se encaixar com os colegas na adolescência e ao longo da vida.

A LINGUAGEM CORPORAL NA PRIMEIRA
E SEGUNDA INFÂNCIAS

Pesquisas mostram que a linguagem corporal tem um papel essencial no desenvolvimento infantil. Durante os primeiros meses de vida, crianças têm pouco controle sobre os músculos necessários para muitos gestos que os adultos fazem. Apesar de elas balançarem os braços e as pernas, talvez demonstrando muita alegria ou muita irritação, esses movimentos não carregam muito significado. No entanto, por volta dos 9 meses, elas já têm controle motor suficiente para usar gestos básicos, como apontar, que costuma ser um dos primeiros. Porém, após o primeiro ano de vida, elas terão aprendido vários outros, incluindo acenar, balançar a cabeça cobrir os olhos com as mãos (para brincar de esconde-esconde), cutucar, segurar ou puxar, se esticar, mostrar ou dar algo a você, e bater palmas. Com essa idade, todos esses gestos têm um significado parecido: são um pedido por atenção.

As tentativas iniciais de comunicação preparam o terreno para bebês desenvolverem a comunicação verbal e social, servindo como um tipo de primeiro idioma. Na verdade, a linguagem corporal é o canal não verbal mais próximo do aprendizado da linguagem verbal, porque a área do cérebro usada para assimilar gestos é a mesma que será usada quando as palavras entrarem em cena. Meses antes de um bebê balbuciar a palavra "Não!", ele conseguirá balançar vigorosamente a cabeça de um lado para o outro, transmitindo a mesma mensagem. Após aprender o gesto para "Não!", é apenas um pequeno passo para produzir o som "Ná!" antes de fechar a boca com firmeza enquanto balança a cabeça de um lado para o outro, sinalizando que ele não quer comer mingau, sujando de comida o próprio rosto, e talvez o seu também. Antes de ficar chateado com seu filho, é importante lembrar que já foi observado que a habilidade gestual nessa idade é indicativa de habilidade com a linguagem verbal dois anos depois, que, por sua vez, indica sucesso acadêmico no futuro.

Assim como a maioria dos novos pais, é provável que você tenha ficado fascinado com a capacidade do seu filho de se comunicar de maneira eficiente com tão pouca idade. Pais e outros cuidadores costumam ficar encantados quando bebês acenam para dizer oi ou mandam beijos no ar para dar tchau, porém a verdade é que esses gestos vão além de um truque fofo. Ao cumprimentar e se despedir dos outros, seu filho começa a participar da troca necessária para as interações sociais. Ao longo da segunda infância, ele usará gestos para chamar atenção e formar laços sociais. Adoro as lembranças de como

LINGUAGEM CORPORAL

meu netinho erguia os braços acima da cabeça para que eu o segurasse enquanto ele dava os primeiros passos, confiante na expectativa de que eu estaria ali para ajudá-lo a manter o equilíbrio. O que poderia parecer um gesto simples para impedi-lo de cair também era uma importante transação social: era a forma dele de confirmar expectativas de apoio emocional, além de físico. Nesse caso, o gesto do meu neto pedia pelo conforto do contato físico, como acontece com frequência durante os dois primeiros anos de vida.

Com 16 meses, as crianças já terão refinado os primeiros gestos e acrescentado outros ao seu repertório, como concordar com a cabeça, além de outros específicos de culturas, como bater na mão de outra pessoa como cumprimento. A fase dos 16 meses é um marco importante para o desenvolvimento humano; pesquisas mostram que as crianças já deveriam ter aprendido pelo menos 16 gestos a essa altura. (Veja o próximo quadro para saber mais sobre marcos da infância.)

Nessa fase, a postura também tem um papel fundamental na linguagem corporal infantil.[12] Como mostrou Michael Tomasello, pesquisador internacionalmente renomado de psicologia do desenvolvimento, a conexão entre postura e atos está presente desde os 2 anos de idade. Tomasello e seus colegas usaram a postura como a métrica básica para avaliar a satisfação de crianças com seus atos. Eles observaram, por exemplo, que crianças de 2 anos mostraram uma postura "elevada" — o equivalente infantil a um adulto se empertigando — após conquistar um objetivo ou ajudar alguém a alcançar um objetivo semelhante, mesmo sem recompensa. Em outras palavras, crianças começam a expressar sentimentos — nesse caso, o orgulho — por meio do corpo da mesma maneira que adultos desde muito pequenas.[13]

207

MARCOS DE DESENVOLVIMENTO DE GESTOS NA PRIMEIRA INFÂNCIA

Até 12 meses

Acenar: no começo, talvez você fique na dúvida se seu bebê está propositalmente acenando ou apenas balançando os braços, porém, com tempo, incentivos e prática, acenos se tornam bem-definidos e associados a cumprimentos e despedidas.

Balançar a cabeça: o gesto universal de recusa costuma aparecer antes de as crianças conseguirem concordar com a cabeça. Para a maioria, esse é o primeiro gesto que oferece alguma sensação de poder e controle sobre suas vidas.

Cobrir os olhos com as mãos: esse gesto, necessário para brincar de esconde-esconde, é associado com outro marco de desenvolvimento, chamado de permanência do objeto, que é: a capacidade de entender que uma pessoa ou objeto não desapareceu só porque você não consegue enxergá-lo.

Segurar ou puxar outra pessoa: essa é uma forma de o bebê chamar a atenção.

Esticar-se: esse gesto pode ser uma maneira de pedir para receber algo (geralmente balançando uma das mãos para a frente e para trás), colo ou para ser levado na direção de uma pessoa ou objeto desejado.

Mostrar e dar: um bebê pode tentar interagir com você ao lhe mostrar um brinquedo ou outro objeto. Esse é um pedido para brincar ou um pedido de ajuda; de toda forma, "mostrar e dar" é precursor de maneiras mais complexas de iniciar as interações sociais que a criança aprenderá nos próximos anos.

LINGUAGEM CORPORAL

Apontar: talvez o mais importante de todos os gestos na primeira infância, apontar é a forma que um bebê tem de participar de uma interação única aos humanos, a chamada "atenção conjunta". Esse também pode ser um componente crucial do desenvolvimento da linguagem verbal, assim como quando um bebê aponta para um objeto, se vira para o cuidador para fazer contato visual, e então o cuidador diz o nome do objeto sendo apontado. Caso a criança frequentemente tenha reações lentas (ou nenhuma reação) às tentativas do cuidador de direcionar seu foco ao apontar para uma pessoa ou objeto, esse pode ser (mas não necessariamente) um sinal inicial do atraso de desenvolvimento às vezes associado ao autismo.

Bater palmas: esse gesto pode acontecer tão cedo quanto aos 6 meses, ou até aos 9. Ele é usado para indicar empolgação geral, para divertir ou como um convite para interações.

Dar um beijo no ar: um dos gestos mais fofos, dar um beijo no ar é executado com outras pessoas para chamar a atenção, interagir e demonstrar afeto.

Levar um dedo indicador aos lábios: o gesto universal de "shhh" indica a necessidade de silêncio (apesar de o aprendizado e uso desse gesto depender da frequência com que ele for usado pelos adultos na vida do bebê).

Até 16 meses

(Observe que estes gestos têm significados específicos, em vez de refletir desejos gerais)

A ORQUESTRA SILENCIOSA

> **Concordar com a cabeça:** aos 16 meses, a criança deve ser capaz de comunicar tanto "sim" quanto "não" com gestos corporais.
>
> **Abanar uma mão para cima e para baixo diante do nariz:** aos 16 meses, crianças devem conseguir usar esse gesto para sinalizar "fedido".
>
> **Erguer uma das mãos com a palma para fora:** uma criança de 16 meses deve conseguir usar esse gesto para transmitir "pare" ou "espere".
>
> **Outros gestos simbólicos:** com 16 meses de idade, crianças devem conseguir fazer gestos como joinhas ou dar de ombros para dizer "não sei".

DICAS PARA AJUDAR SEU FILHO MUITO PEQUENO COM A LINGUAGEM CORPORAL

1. Brinque e interaja com a criança usando gestos

Por gerações, pais fazem brincadeiras simples com os filhos, como esconde-esconde e bate-mão. Esses momentos alegres são, na verdade, muito importantes. Durante os primeiros 18 meses de vida, crianças aprendem a usar gestos e sinais para transmitir desejos, necessidades e preferências ao observar os gestos usados pelas pessoas que as cercam. Nesses primeiros estágios da infância, é interessante pensar nessas brincadeiras como uma forma de oferecer aos bebês um vocabulário que continuará se tornando mais complexo ao longo do tempo. Você pode segurar as mãos do seu filho e movê-las juntas para imitar bater palmas, acenar ou dar beijos no ar. Então, faça por conta própria esses gestos para servir de exemplo para ele. A repetição é fundamental. Gestos não são aprendidos na primeira tentativa, mas absorvidos com a execução dos mesmos movimentos ao longo de muitas semanas.

2. Introduza a alternância desde cedo

Quando notar seu filho fazendo um movimento como acenar as mãos em sinal de empolgação, você pode acenar de volta. Imite a criança e espere até ela fazer outro movimento, imitando-a também. Ao alternar a comunicação por gestos, você estará ensinando que a alternância é o âmago das interações sociais bem-sucedidas.

3. Inicie o gesto de apontar desde cedo, incentivando a criança com sua voz e sorrisos

Primeiro, aponte para alguma coisa — por exemplo, uma xícara —, então sorria e diga com uma voz alegre: "Xícara!" Repita isso com frequência. Novamente, o aprendizado de linguagens — tanto verbal quanto não verbal — exige tempo e repetição.

4. Com cuidado, selecione programas de televisão que ajudem a criança a aprender gestos

Antes de tudo, lembre-se que a Academia Americana de Pediatria recomenda que crianças com menos de 18 meses não sejam expostas a telas a menos que estejam participando de conversas por vídeo com parentes, e que o tempo de tela seja limitado após os 18 meses, sempre com a supervisão de pais ou cuidadores. No entanto, após cerca de 18 meses, você pode encontrar programas de televisão que ajudem a criança a entender melhor gestos, como o adorável robô WALL-E e Scrat, o esquilo de *A era do gelo*, que não precisam de palavras para transmitir o que sentem.

5. Deixe seu filho tomar a iniciativa com gestos

Quando estiver interagindo com a criança, espere até ela usar gestos de convite, como apontar, mostrar ou se esticar para mostrar o que deseja que vocês façam juntos. Quase sempre os adultos querem direcionar as brincadeiras da criança, mas, quando deixamos que ela tome a iniciativa, permitimos não apenas que escolha, mas que comunique essa decisão.

6. Não tenha medo de usar gestos e movimentos grandes e exagerados para interagir com a criança

Pense em como mascotes esportivas divertem crianças ao acenar as mãos grandes, apontando de um lado para o outro, fazendo dancinhas. É assim que elas conseguem se conectar e manter a atenção das crianças — sem precisar falar nada.

7. Matricule seu filho pequeno em aulas e atividades que envolvam movimentação e gestos, como o Music Together (descrito no Capítulo 3), aulas de dança ou artes marciais

Fazer aulas com algum tipo de movimentação ajudará a criança a ter coordenação motora e outras habilidades físicas muito úteis para que ela aprenda a se expressar de forma não verbal com o corpo.

LINGUAGEM CORPORAL

A LINGUAGEM CORPORAL NA TERCEIRA INFÂNCIA

Nunca me esquecerei da ocasião em que eu estava sentado no auditório de uma escola para a qual prestava consultoria e ouvi dois alunos da primeira série tentando entender a coreografia executada por dois mímicos no palco. Para mim, era óbvio que eles estavam imitando alguém se arrumando para a escola pela manhã, mas meus dois pequenos amigos ficaram confusos. O primeiro disse:

— Que engraçado... eles não estão conseguindo tirar leite de uma vaca!

— Não — respondeu o outro bem alto —, eles estão arrumando um foguete para voarem até a Lua!

Enquanto ouvia as ideias deles, lembrei que, sem contexto, crianças pequenas têm dificuldade para identificar gestos e seus significados.

Na terceira infância, as crianças precisam ter acesso a toda uma variedade de habilidades gestuais. É nessa fase que elas tentarão formar relações com os colegas longe dos pais, e para isso precisarão identificar sinais de alternância e outras mensagens não verbais transmitidas por mãos e posturas. Pense no efeito negativo da seguinte interação: no início de um relacionamento, uma criança se aproxima de outra, mas, sem entender o significado do gesto de "pare", continua invadindo o espaço pessoal do colega, apesar de uma mão ser esticada.

Dependendo do que ela aprendeu em casa, a escola pode ser um lugar em que pontos fracos se transformam em pontos fortes. Porém é comum que crianças com dificuldade nessa área não façam a menor ideia de que a linguagem corporal é a fonte de seus problemas sociais — nem os adultos que as cercam. Esse foi o caso de Charlotte, uma menina de 8 anos que avaliei por estar brigando muito com os colegas.

213

Quando a observei em sala de aula, não notei nada problemático em seu comportamento. Ela prestava atenção à professora e fazia os deveres com dedicação. A professora me contou que ela ia bem em todas as matérias, especialmente inglês, e que era educada e comportada. No entanto, quando fui observá-la durante o recreio no parquinho, me deparei com uma Charlotte bem diferente.

Com essa idade, a linguagem corporal infantil tende a ser delimitada por gêneros. Em geral, meninos formam grupos de três ou mais, brincando entre si e conversando enquanto ficam parados lado a lado. Em contraste, as meninas tendem a andar em duplas, mantendo uma distância próxima, porém respeitosa, conversando de frente uma para a outra e usando as mãos para expressar empolgação e entusiasmo. Só que Charlotte mantinha a distância dos colegas com os braços cruzados firmemente sobre o peito. Com base em sua postura, ela parecia mais uma idosa do que uma criança, efeito que era reforçado sempre que descruzava os braços para apontar para os colegas, como se desse bronca neles. Nem preciso dizer que a linguagem corporal dela não era popular entre as outras crianças, que lhe davam as costas balançando a cabeça, e mantinham a distância, todos indicadores não verbais de falhas de conexão.

No fim das contas, Charlotte tinha uma "postura inconsciente" muito incômoda. Semelhante à "expressão facial inconsciente", a postura inconsciente é a que assumimos de forma natural e automática quando entramos em modo neutro. No entanto, assim como a expressão facial inconsciente, a postura inconsciente das crianças pode transmitir uma emoção negativa mesmo que elas não se sintam assim. Quando uma criança percebe um colega andando de cabeça baixa e ombros curvados, ela parte do princípio de que ele não quer fazer amigos, é indiferente ou metido. Enquanto isso, professores podem achar que a criança está infeliz ou até emburrada, ainda que não seja o caso.

Quando a origem dos problemas de Charlotte foi explicada para os pais e professores dela, organizaram horários para conversar com ela e ajudá-la a entender o que sua linguagem corporal dizia para os outros. Foi então que descobriram que Charlotte frequentemente imitava a tia favorita, que era professora, e que as duas passavam muito tempo brincando de escolinha — daí a postura de adulta, às vezes com ar rígido. Após essa descoberta, perguntei se a tia de Charlotte poderia ajudar a explicar à menina que, apesar de professores poderem se distanciar dos alunos e orientá-los de longe, crianças pequenas deviam brincar e interagir umas com as outras. Não demorou muito para os gestos dela melhorarem, assim como a capacidade de fazer amizade.

No entanto, a menos que corrigidas, crianças pequenas com posturas inconscientes negativas podem levar esse erro para a vida adulta. Certa vez, avaliei um rapaz a pedido de seu gerente em uma grande empresa. O funcionário em questão era inteligente, educado, simpático e motivado, mas logo descobri que a postura inconsciente dele envolvia se recostar na cadeira inclinada, com as pernas afastadas, às vezes com uma apoiada em outra cadeira, um comportamento desagradável para colegas e nada profissional. Crianças que aprendem sobre a importância dos gestos e da postura desde pequenas podem evitar desafios sociais e profissionais como esse no futuro.

A ORQUESTRA SILENCIOSA

DICAS PARA AJUDAR SEU FILHO COM A LINGUAGEM CORPORAL NA TERCEIRA INFÂNCIA

1. Reserve um tempo para relembrar gestos básicos com seu filho

Com 4 anos, ele deve conseguir entender o que são os gestos e como são usados para iniciar interações. Relembre gestos universais, como o sinal para "shhh", o sinal de pare, o joinha, e bater na mão de outra pessoa para comemorar. Certifique-se de que ele entenda o significado desses sinais básicos — é fácil partir do princípio de que as crianças entenderam, mas, como o ensino de gestos é raro, seu filho pode muito bem estar confuso. Em específico, crianças podem não ter noção das mensagens poderosas que nossas mãos transmitem. Para exemplificar isso, mostre a diferença do movimento da mão que comunica "pare" de forma suave (com a mão um pouco baixa) e o movimento que transmite um "PARE" mais enfático (a mão esticada com a palma perpendicular), então treinem os gestos juntos.

2. Leve a criança para um lugar barulhento, como um shopping, em que seja difícil escutar bem a linguagem falada, e peça para que ela observe como as pessoas interagem umas com as outras

Oriente-a a observar os gestos feitos ao redor e identificar os que conhece e os que não conhece. Peça para que adivinhe o que está acontecendo entre as pessoas com base em seus gestos, perguntando "sobre o que você acha que estão falando?". Você também pode perguntar o que ela acha de uma pessoa só de observar sua linguagem corporal de longe. Pergunte à criança quem parece amigável e quem ela gostaria de conhecer e por quê. Você pode até transformar isso em uma brincadeira, pedindo para seu filho inventar uma história sobre um desconhecido, com base no que ele imagina sobre a pessoa.

3. Peça para seu filho treinar posturas com níveis diferentes de confiança

Converse com ele sobre posturas e como ficar parado com as costas eretas, assim como o que fazer com as mãos. Observe se a criança fica com as mãos no bolso, brincando com os dedos ou agitando os braços. Então peça para que ela fique parada como seu professor, ou como vários colegas de classe, e veja se ela consegue diferenciar e imitar essas posturas.

4. Treinem diferentes posturas e pergunte para seu filho como ele se sente ao fazer cada uma

Veja se ele consegue comunicar as quatro emoções básicas — felicidade, tristeza, raiva e medo — com o corpo. Pergunte se percebe como posturas diferentes causam sensações diferentes e explique que, apesar de ele estar sentado daquele jeito porque está triste, essa postura também pode *torná-lo* triste — e que uma postura feliz, confiante, por outro lado, pode ajudá-lo a ter essas sensações.

5. Aceite a inquietação

À medida que a criança for crescendo, seu instinto pode ser orientá-la a sempre se sentar quieta, com as mãos paradas, a bunda na cadeira, em situações em que precisa prestar atenção. Porém pesquisas sugerem que ficar sentado de forma rígida gera uma "carga cognitiva" maior nas crianças, sugando a energia daquilo que deveriam estar aprendendo, e que elas devem poder se ajeitar e mover o corpo, seja para se expressarem ou apenas para liberarem tensão. Hoje, muitas escolas permitem que crianças fiquem inquietas nas carteiras, modificando salas de aula para incluir uma variedade de áreas em que os estudantes possam ficar de pé durante as lições, ou onde possam ser mais enérgicas ou ter experiências sensoriais. É por isso que brinquedos giratórios manuais costumam ser usados em sala de aula, porque satisfazem a necessidade infantil de estar em movimento ao mesmo tempo que permitem que a criança se concentre na aula.

6. Ao assistir à televisão, tire o som e veja se a criança consegue adivinhar como as pessoas estão se sentindo apenas prestando atenção aos gestos

Como a criança ainda verá rostos, peça para que ela conecte rostos com gestos. Os gestos sempre correspondem àquilo que as expressões faciais comunicam?

7. Assistam a esportes juntos

Esportes são um tesouro para o aprendizado da linguagem corporal, uma vez que os jogadores precisam se comunicar de forma não verbal o tempo todo, frequentemente a longas distâncias, como em um campo de beisebol ou de futebol. O futebol americano, por exemplo, está repleto de gestos, desde sinais que indicam tentativas de avanço pelo campo até jogadores socando o ar após uma boa jogada ou entrelaçando os dedos sobre a testa após uma ruim. Reality shows e competições de dança também são boas fontes. Converse com seu filho sobre como os artistas e atletas se comunicam usando o corpo.

LINGUAGEM CORPORAL

8. Brinque de mímica

Essa brincadeira quase parece ter sido inventada para ensinar o uso de gestos. Você pode brincar de mímicas do jeito básico, ou pode adotar um estilo mais desafiador e pedir para todos usarem máscaras. Sem acesso a expressões faciais, os participantes contarão apenas com a postura, os gestos e a linguagem corporal.

9. Leve seu filho a peças teatrais adequadas para a idade dele

No palco, atores costumam exagerar na linguagem corporal para transmitir emoções para a plateia, fazendo com que essa seja uma ótima maneira de crianças aprenderem o significado por trás de muitos gestos. No caminho para casa, converse sobre como os atores usaram o corpo para interpretar os personagens. Pergunte para a criança se ela percebeu como eles agradeceram no fim com uma mesura, e como a plateia comunicou gratidão batendo palmas.

10. Matricule seu filho em aulas de teatro, improvisação ou mímica

Nelas, a criança certamente aprenderá a usar gestos e linguagem corporal para se comunicar.

11. Seja um bom exemplo de como se apresentar

Lembre-se de que os objetos que a criança usa no corpo também são uma forma de comunicação não verbal. Converse com seu filho sobre maneiras apropriadas de se vestir, dependendo da ocasião, e sirva de exemplo ao fazer escolhas apropriadas. Certifique-se de que ele entenda a importância de manter uma boa higiene e aparência.

A ORQUESTRA SILENCIOSA

QUANDO A AJUDA DE ESPECIALISTAS É NECESSÁRIA?

Embora a maioria das crianças modifique gestos e posturas depois de serem informadas sobre problemas, algumas podem demorar um pouco mais para se adaptar e fazer ajustes. Talvez seja interessante pedir ajuda de profissionais que trabalhem com movimento e dança em longo prazo. Terapeutas de movimento e dança registrados podem oferecer programas estruturados para crianças e trabalhar com elas para compreender o que não estão percebendo nos movimentos dos outros ou nos próprios. Aulas de teatro podem ajudá-las a aprender sobre o poder dos gestos e das posturas para transmitir sentimentos, não apenas em conversas individuais, mas para plateias maiores. E aulas de ioga (muitos estúdios oferecem aulas apenas para crianças) também podem ajudar seu filho a ganhar uma percepção maior sobre o próprio corpo. Programas semelhantes ao Music Together e ao Rhythm Kids para crianças na pré-escola e no ensino fundamental também podem ser úteis, visto que há muitas semelhanças entre o papel do ritmo e dos gestos no processo de alternância; além disso, gestos como bater palmas, apontar e agitar as mãos têm destaque em aulas de música.

CONCLUSÃO

POUCAS COISAS DEIXAM O CORAÇÃO DOS PAIS TÃO FELIZ QUANTO OUVIR O FILHO dizer "Fiz um amigo novo". É claro que você se sente contente e orgulhoso, mas vai além disso. Saber que seu filho é querido pelos outros traz de volta a lembrança da felicidade que *você* sentia na infância enquanto brincava com amigos, ou talvez como era doloroso ser rejeitado e deixado de fora das brincadeiras.

É normal se sentir triste ou sem saber o que fazer quando seu filho tem dificuldades sociais. Afinal, nenhum pai deseja a infelicidade do filho, e é fácil demais colocar a culpa em si mesmo ao ver que a criança está sofrendo.

Também é normal não saber quando ou como intervir. Ninguém espera que crianças pequenas dominem todas as habilidades não verbais que costumam passar despercebidas por nós, adultos, e nem sempre é fácil saber quando um comportamento é motivo de preocupação ou apenas uma característica da idade do seu filho. Para complicar ainda mais a situação, algumas crianças simplesmente são mais introvertidas do que outras, e, a princípio, nem sempre é claro se a criança que passa o recreio sozinha se sente excluída ou se está

COMO CRIAR FILHOS SOCIALMENTE SAUDÁVEIS

feliz lendo um livro, sem participar de brincadeiras. Porém, independentemente de idade, personalidade ou preferências individuais, uma verdade é universal: ter amigos e um bom relacionamento com colegas é essencial para a felicidade atual e futura das crianças.

Sou um psicólogo cientista, o que significa que minhas recomendações profissionais são baseadas em conhecimentos adquiridos pela ciência e por pesquisas sempre que possível. Mas também sou o mais velho de cinco irmãos, trabalhei por anos em ambientes infantis e tive o prazer diferenciado de ser técnico de times de futebol de crianças com menos de 8 anos. Como sou irmão mais velho, pai e avô, sei que crianças nem sempre se encaixam direitinho nas categorias teóricas e clínicas que os cientistas determinam. Criar filhos é uma tarefa complicada, difícil, que exige coragem. O que posso dizer com certeza é que você, como pai, tem o poder de moldar a futura felicidade do seu filho de formas simples, mas poderosas.

Pouco tempo atrás, eu estava encerrando uma reunião com uma colega mais jovem que também era mãe de duas crianças pequenas de 4 e 6 anos. Por um acaso, mencionei que estava escrevendo um livro sobre crianças na faixa etária dos filhos dela, com o objetivo de prepará-las para um mundo diferente daquele em que nós dois crescemos. Foi então que ela se virou para mim com um ar ansioso e disse:

— Dr. Nowicki, estou criando meus filhos do jeito certo? — Ela me explicou que observava outros pais passeando todo fim de semana com os filhos, sempre com pressa para levá-los para um canto ou outro, matriculando-os em inúmeras atividades ou entretendo-os com programas caros. — Mas sempre que tenho tempo, tudo que eu quero é aproveitar a companhia deles! — disse ela. — Isso é errado? Só estar com eles é suficiente para prepará-los para o futuro?

CONCLUSÃO

Aqui vai a resposta que dei a ela: sim, isso é mais do que suficiente para prepará-los para o futuro. Quando guardamos o celular e passamos tempo com nossos filhos fazendo as atividades mais simples, como brincar com um jogo de tabuleiro, ir ao parque para jogar bola ou dar uma volta pelo bairro, ensinamos a eles inúmeras lições sobre a linguagem dos relacionamentos, que é não verbal, e uma das coisas mais importantes que aprendemos como seres humanos.

É muito fácil sentir a pressão de acompanhar o ritmo de outros pais para que seu filho não "perca nada". Muitos pais que conheço sentem a necessidade de colocar o filho na melhor creche, pré-escola, jardim de infância, de matricular a criança em vários cursos ou escolinhas extracurriculares, e de encher o fim de semana dela com aulas de natação, futebol e artes, com medo de que não comecem a desenvolver esses hobbies e habilidades cedo (em alguns casos, cedo *demais*) e acabem perdendo boas oportunidade no futuro. Embora as crianças certamente se beneficiem de boas escolas e algumas atividades extracurriculares bem-escolhidas, é fácil ignorar o quanto elas ganham com o tempo que passam com a família, amigos, vizinhos e a comunidade em geral, sem planos específicos. A verdade nua e crua é que a maioria dos pais tem o poder e a capacidade de ensinar comunicação não verbal, e as crianças não precisam fazer várias aulas e atividades por semana para aprenderem as habilidades de que precisam para ter sucesso social. O primeiro passo é entender o que é a linguagem não verbal e por que ela é importante, e o segundo é ajudar seu filho a entender isso também. O terceiro é servir de exemplo em relação às linguagens não verbais que você gostaria que seu filho usasse e envolvê-lo em atividades e experiências que reforcem aquilo que você ensina. É algo bem simples, e bem importante.

COMO CRIAR FILHOS SOCIALMENTE SAUDÁVEIS

Agora, mais do que nunca, pais devem ajudar a preencher as lacunas de aprendizado criadas pela vida moderna, mas você não precisa fazer isso sozinho. Professores, avós, parentes e outros membros da comunidade — babás, vizinhos, treinadores e tantos outros — também têm um papel. Ainda me lembro com grande carinho do papel que os professores, em específico, tiveram no meu próprio aprendizado da linguagem não verbal. Graças a eles, aprendi novas maneiras de interagir com colegas, muitos dos quais tinham comportamentos diferentes daqueles que eu observava na minha família e vizinhança. Sob a orientação desses adultos, aos poucos me tornei melhor em interpretar e expressar meus sentimentos, não apenas usando palavras, mas também expressões faciais, tons de voz e linguagem corporal. Tudo que aprendi na escola e em casa formou a base das habilidades de que eu precisava para crescer e ter sucesso, tanto social quanto acadêmico, no futuro. Espero que professores terminem de ler este livro com uma percepção melhor do papel crucial que eles têm nesse aspecto do desenvolvimento infantil. Caso você seja um professor e esteja lendo isto: obrigado. Você já faz muito por nossas crianças. Espero que este livro lhe ajude a forjar conexões ainda melhores com seus alunos.

Avós e outros membros mais velhos da comunidade têm um papel igualmente importante. Há pouco tempo, tive o prazer de visitar uma antiga colega de trabalho que estava cuidando do neto de 6 meses. Eu a conhecia como uma acadêmica bem-sucedida, mas a estava vendo pela primeira vez como avó, embalando o neto no joelho, fazendo caretas e barulhos para ele, brincando de bater palmas. Não havia telas, não havia tecnologias, não havia senhas necessárias; apenas uma avó amorosa fazendo caretas e sons em volumes e tons diferentes para

CONCLUSÃO

arrancar sorrisos e risadas do neto, segurando as mãos dele e guiando-as para a frente e para trás enquanto batiam palmas juntos. Durante essas interações simples, carinhosas, a criança aprendia sobre todos os tipos de comunicação não verbal, incluindo alternância, ritmo, contato físico, e muito mais. Como avós, nem sempre nos sentimos confortáveis com tecnologias, mas ressalto que isso pode ser um ponto forte, pois somos mais propensos a usar interações antiquadas, cara a cara, quando estamos com nossos netos. Os meus netos são adolescentes agora, mas ainda me lembro de ficar fazendo caretas à mesa de jantar ou "dancinhas felizes" quando eles vinham nos visitar quando pequenos. E as lembranças mais vívidas para eles não são as palavras que usamos, e sim a linguagem não verbal que "falávamos". Avós são um recurso oculto para educar crianças no uso da linguagem não verbal, mas não são os únicos familiares disponíveis para ajudar. Tios, primos e outros podem ter talento para interagir com seus filhos de formas que você não dispõe, expondo-os ainda mais às habilidades não verbais necessárias para fazer conexões e amigos.

Caso você não tenha a sorte de ter família morando por perto — ou mesmo que tenha —, seria interessante pensar em outras formas de expandir a comunidade do seu filho para além de parentes próximos. Crianças também aprendem ao interagir com colegas e adultos, especialmente aqueles com diferentes origens étnicas e culturais. Procure oportunidades para que seu filho socialize com uma mistura diversa de pessoas e em uma variedade de ambientes, marcando encontros com coleguinhas e grupos, ou outras atividades apropriadas para a faixa etária dele, que envolvam interações com crianças. No entanto, tome cuidado para não lotar sua agenda: queremos que ele tenha tempo e espaço para aprender no próprio ritmo. Permita que as interações

COMO CRIAR FILHOS SOCIALMENTE SAUDÁVEIS

evoluam, e não apresse a criança enquanto ela aprende novas habilidades. Dê a ela a oportunidade de repetir interações com os outros para estabelecer padrões eficazes de comunicação não verbal.

E jamais se esqueça de que você já tem as ferramentas necessárias para garantir que seu filho tenha um futuro mais feliz. Com isso em mente, antes de eu me despedir, aqui vão algumas dicas finais para ensinar a comunicação não verbal de forma saudável para seu filho.

DURANTE A PRIMEIRA INFÂNCIA

1. Durante essa fase, não há nada mais importante do que passar tempo brincando com seu filho

Pesquisas feitas no começo da iniciativa Head Start nos anos 1960 consistentemente mostraram que bebês que escutam a voz, recebem sorrisos e são aninhados por seus cuidadores são mais propensos a serem felizes e socialmente bem-ajustados na terceira infância. Brincadeiras oferecem oportunidades para o bebê não apenas observar esses sinais não verbais de afeto, como também de aprender a alternância das interações humanas, uma dança complexa, coreografada por atos não verbais.

2. Dedique-se a entender os estados emocionais do seu bebê

O psiquiatra Daniel Siegel diz que nos conectamos com o estado emocional de um bebê quando alinhamos nossos estados, nossas emoções principais, pelo compartilhamento de sinais não verbais.[1] Para conseguir essa conexão — que Siegel chama de "ressonância"

CONCLUSÃO

—, é preciso passar tempo suficiente observando as expressões faciais e os movimentos do bebê para conseguir avaliar de forma apropriada os sentimentos de frustração, medo, alegria e satisfação.

3. Enxergue o mundo pela perspectiva do bebê

Apesar de parecer bobagem, o ato de enxergar o mundo pela perspectiva física da criança ajudará você a entender melhor a perspectiva emocional dela. Eu me lembro de tentar fazer isso deitando no chão do quarto do meu filho e encarando o teto. É incrível como esse ponto de vista me deu a percepção do que meu filho via todos os dias. Quase dei um pulo de susto quando o rosto da minha esposa subitamente apareceu acima de mim, perguntando por que eu estava deitado no chão. Naquele momento, entendi como as expressões faciais e os movimentos corporais das pessoas podem parecer quando elas se agigantam sobre você.

DURANTE A SEGUNDA INFÂNCIA

1. Dê nome ao sentimento e diferencie-o do comportamento

Assim como a criação de filhos pode ser uma montanha-russa de emoções, a criança muito pequena também lida com os próprios sentimentos. Quando uma criança apronta, faz malcriação ou se torna desafiadora em sua teimosia, a maioria dessas emoções é comunicada de forma não verbal: por expressões faciais, tom de voz e linguagem corporal. Como pai, é importante se concentrar nas mensagens não verbais que acompanham esse comportamento — "Percebi que você está com uma expressão brava". Então, identifique as emoções sendo transmitidas — "Percebi que você está se sentindo frustrado porque está apertando os punhos" — e converse sobre elas com seu filho. Quando a criança usar palavras para dizer que está irritada, triste, ansiosa ou assustada, mostre que isso também é transmitido pelo rosto, postura, gestos e a voz dela enquanto a consola. Isso a ajudará a conectar palavras a sentimentos e expressões não verbais.

2. Cuidadores nem sempre precisam ser positivos: crianças precisam aprender a lidar com sentimentos negativos

Ser um pai e um avô participativo me ensinou que, às vezes, as interações mais úteis com crianças envolvem sentimentos negativos — tanto meus quanto delas. Tentar ser animado e positivo o tempo todo é um objetivo impossível. Mais do que isso, nem sempre é útil para a criança. Só porque você não quer gritar ou chorar na frente dela não significa que precisa esconder suas emoções. Sabemos por pesquisas que emoções transparecem por tons de voz, expressões faciais e linguagem corporal, independentemente do quanto tentarmos contê-las. Crianças perceberão essas emoções, sendo elas verbalizadas ou não por você. Como pais, todos já passamos por momentos em que ficamos irritados ou frustrados, ou em que perdemos a paciência por estarmos irritados. Depois de se acalmar, tente interagir novamente com a criança. Explique que você ficou irritado ou frustrado, mas que já se acalmou, usando um tom de voz carinhoso e um ritmo tranquilizador, e reforce essas mensagens reconfortantes com contato físico. Você também pode observar as reações não verbais dela às suas broncas e como mudam após sua explicação.

CONCLUSÃO

3. Use a regra do "uma a cada cinco"

A ideia da muito utilizada regra do "uma a cada cinco" significa oferecer à criança pelo menos quatro afirmações positivas para cada crítica. Mas não existe nenhuma mágica no "uma em cinco"; a regra poderia ser "uma em três" ou "uma em sete". Em resumo, em vez de ser afoito demais em sempre começar fazendo críticas ou indicar os erros do seu filho, passe mais tempo valorizando e prestando atenção nos acertos dele. Pesquisadores observaram que, para serem felizes, as pessoas precisam de mais fatores positivos do que negativos na vida. Quando se trata de expressões faciais, faça comentários positivos sempre que a criança tiver sucesso em interpretar e se comunicar usando esse importante canal não verbal. "Vi que você abriu um sorrisão para aquela menina. Ela deve ter ficado feliz!", "Notei que você olhou nos olhos da amiga nova da mamãe e apertou a mão dela direitinho. Aposto que ela se sentiu muito bem-vinda na nossa casa", "Vi que você percebeu que o Billy parecia triste por não ter sido incluído na brincadeira e foi falar com ele. Que ótimo!"

DURANTE A TERCEIRA INFÂNCIA

1. Converse com a criança sobre o dia dela na escola

Quando perguntar ao seu filho sobre como foi o dia na escola, preste atenção e demonstre solidariedade conforme ele contar os eventos do dia, lembrando-se de resistir à vontade de corrigi-lo e direcioná-lo como fazia na primeira infância. Nessa faixa etária, as crianças precisam de liberdade para cometer e aprender com erros interpessoais para crescerem socialmente.

COMO CRIAR FILHOS SOCIALMENTE SAUDÁVEIS

Sempre que possível, use essas conversas casuais como oportunidades para reforçar o aprendizado não verbal. Pesquisas mostram que crianças escolhem amigos muito rápido com base em indicadores não verbais, geralmente sem muita reflexão ou consciência. Fale sobre os sinais não verbais que possam ter chamado a atenção da criança para certo colega e não para outro: um sorriso ou um aceno incentivador de cabeça, uma postura ou porte confiante, um ritmo compartilhado ou uma forma de falar, e assim por diante.

2. Ofereça vários contextos para socialização

A terceira infância é a época em que a criança vivencia uma variedade de situações com uma variedade de pessoas. Cada uma delas representa uma oportunidade de experimentar novas formas de se relacionar e se expressar não verbalmente, e de captar nuances que talvez não tenham sido aprendidas na primeira e segunda infâncias com a família. Esportes e atividades extracurriculares podem ser muito úteis para expor a criança a esse tipo de diversidade não verbal, porém é importante que não sejam atividades *demais*. Ela pode acabar se sentindo atordoada, sem tempo para assimilar as experiências. Assim como adultos, crianças têm quantidades variadas de energia para interações sociais. Caso seu filho resista a essas experiências por ser tímido ou socialmente ansioso, incentive-o ao passar mais tempo com pessoas que já conhece — como primos — antes de gradualmente apresentá-lo a desconhecidos.

AGRADECIMENTOS

Eu entendo a ironia de ter escrito 60 mil palavras e agora querer agradecer às pessoas que me ajudaram a mostrar que elas não são tão importantes quanto imaginamos.

Com certeza, este livro não poderia ter sido escrito sem a base teórica de Harry Stack Sullivan e os primeiros esforços de pesquisa de Paul Ekman, Irenaus Eibl-Eibesfeldt, Ray Birdwhistell, Robert Rosenthal e Judith Hall, entre outros, cujos trabalhos legitimaram o estudo científico do fenômeno não verbal. Agradeço especialmente a Daniel Goleman, cujo livro *Inteligência emocional* chamou a atenção do grande público pela primeira vez para a importância do comportamento e da habilidade não verbal.

Quando olho para trás para ver como cheguei aqui e escrevi este livro, me lembro mais uma vez da importância dos relacionamentos na minha vida.

Começo com meus pais e minha relação com eles. Apesar de ambos me apoiarem ao longo da minha infância, eles se relacionavam comigo de maneiras diferentes. Minha mãe frequentemente falava em uma mistura de inglês e italiano que muitas vezes tornava difícil para mim entender exatamente o que ela queria comunicar. Em contraste, meu

COMO CRIAR FILHOS SOCIALMENTE SAUDÁVEIS

pai raramente falava. Então, na infância, e mais tarde na adolescência e na vida adulta, aprendi a prestar atenção a outras formas de comunicação, tons de voz, gestos, posturas, expressões faciais e coisas assim para entender como eles se sentiam e como isso tinha relação comigo.

Também devo muito à família que construí. Minha esposa, Kaaren, meu filho Andy e sua esposa, Jenny, o irmão de Jenny, Jason, e meus dois netos, Hannah Ruth e Soren. Eles me oferecem amor e apoio, assim como me mostram que existem inúmeras maneiras de interpretar e expressar emoções de forma não verbal ao longo do tempo e em diferentes situações. Aprendi tanto ao observar a habilidade rudimentar de comunicação não verbal dos meus netos ir melhorando a cada ano. Mas foi Kaaren quem ofereceu estabilidade e apoio quando mais precisei. Quando eu necessitava de críticas sinceras e úteis ou de apoio carinhoso, era com ela, e apenas com ela, que eu contava.

Minha primeira experiência formal de aprendizado sobre a comunicação não verbal aconteceu durante meu estágio em psicologia clínica no Centro de Medicina da Universidade Duke. Meus supervisores clínicos, Robert C. Carson e Derek Shows, me apresentaram às teorias e ao trabalho prático de Harry Stack Sullivan, cujo pensamento focava nos relacionamentos e na importância da comunicação não verbal em sua intensificação ou afastamento. O treinamento com Carson e Shows me tornou sensível àquilo que eu e meus pacientes transmitíamos na psicoterapia com gestos, tons de voz e expressões faciais. Levei essa percepção comigo quando deixei o estágio e aceitei meu primeiro, e único, cargo acadêmico na Universidade Emory. Foi lá que conheci Marshall P. Duke, e foi por meio do nosso relacionamento que minhas ideias sobre a comunicação não verbal verdadeiramente cresceram e desabrocharam.

AGRADECIMENTOS

Minha parceria com Marshall levou à publicação de trabalhos e livros em que explicávamos nossos pensamentos sobre por que algumas relações se desenvolvem e florescem, enquanto outras murcham e morrem. Elaboramos formas confiáveis e válidas de avaliar o comportamento não verbal e escrevemos sobre o papel da comunicação não verbal em interações rotineiras e na psicoterapia. Durante essa época, tivemos a sorte de receber a colaboração de outro colega da Emory, Donald J. Kiesler, renomado pesquisador de psicoterapia, que trabalhou com Carl Rogers, criador da terapia focada no paciente. Com nossas experiências acadêmicas, nosso trabalho de consultoria em escolas públicas e particulares permitiu que testemunhássemos com mais clareza como a comunicação não verbal influenciava o sucesso acadêmico e o ajuste social dos estudantes. A exposição ao público com participações em programas de televisão, como o de Oprah Winfrey e o *Good Morning America*, foram essenciais para chamar a atenção do grande público para nossos trabalhos iniciais. Seria impossível exagerar a importância que o relacionamento com Marshall teve em minha vida. Posso ser o autor deste livro, mas a presença dele está em todas as páginas.

E então há os relacionamentos que tive com alunos, tanto na graduação quanto na pós. Não consigo imaginar minha vida acadêmica e pessoal sem eles. Os testes básicos desenvolvidos para avaliar habilidades não verbais, como a Análise Diagnóstica da Precisão Não Verbal (DANVA) e o Índice de Dissemia de Emory (EDI) foram resultado da minha parceria com os alunos John Carton (rostos de adultos e crianças), Alexandra Rothman, então Demertzis (paralinguagem infantil), Kym Baum (paralinguagem adulta), Hallee Pitterman, então Altman (posturas adultas). Elizabeth Bromley foi responsável

COMO CRIAR FILHOS SOCIALMENTE SAUDÁVEIS

pelo desenvolvimento da escala de avaliação de observação não verbal chamada Índice de Dissemia de Emory. Como testemunho do valor de seus esforços, os testes foram usados com sucesso em centenas de estudos que aumentaram nosso conhecimento sobre a maneira como a comunicação não verbal funciona em relacionamentos.

Muitos dos meus alunos de doutorado assumiram o compromisso de usar a comunicação não verbal como foco de suas dissertações: Rachel Ammirati, Wendy Bailey, John Carton, Marietta Collins, Eileen Cooley, Denise Glanville, Mark Hartigan, Lisa Heiman, Jeff Jones, Tom Kay, Cindy Lancelot, Lauren Maxim, Erin McClure, Laura Mufson, John Paddock, Amy van Buren, Karen Schwartz e Virginia Wickline. Não tenho como agradecê-los o suficiente por seus esforços e contribuições.

Colegas de trabalho também se juntaram a mim na publicação de artigos e capítulos sobre a comunicação não verbal, especialmente Nancy Bliwise, Kristin Byron, William Gentry e Ann Van Buskirk. Ao próprio modo, cada um deles me ajudou a ganhar novas percepções sobre como a comunicação não verbal funciona em nossas vidas.

Sou especialmente grato pelas contribuições de Meryl Lipton, fundadora e antiga diretora do Centro Neurocomportamental Rush, aos meus pensamentos e textos. Nós publicamos um importante trabalho teórico sobre a estrutura para estudos de comunicação não verbal com crianças neurodivergentes e neurotípicas, e descobrimos que compartilhávamos do empenho em ajudar crianças a alcançar todo seu potencial. De fato, foi uma sorte nossos caminhos terem se cruzado, termos tido o bom senso de nos unirmos e continuarmos seguindo juntos pela estrada das pesquisas clínicas.

AGRADECIMENTOS

Sara Salmon é diretora-executiva do Center for Safe Schools. Defensora ferrenha da segurança e da educação infantil, seus encontros anuais em Denver eram uma oportunidade para que eu conhecesse e aprendesse com professores e administradores de escolas públicas e particulares de formas que seriam impossíveis fora dali.

Então, preciso "viajar" para o exterior para reconhecer um relacionamento verdadeiramente especial com uma pessoa incrível, Jean Golding. Conheci Jean quando fui convidado para dar uma palestra na Universidade de Bristol, na Inglaterra, quase quatro décadas atrás, e somos parceiros de pesquisa e amigos próximos desde então. Ela é responsável por iniciar e manter um estudo longitudinal verdadeiramente incrível com crianças e seus pais, iniciado em 1994 e ainda em andamento. Pude aplicar a DANVA nos pais e nas crianças quando elas completaram oito anos, gerando um conjunto único de dados que permitiu que pesquisadores estudassem a relação entre pais e filhos de formas que antes eram impossíveis.

Nada do que eu queria escrever teria chegado às páginas deste livro se não fosse por Bridget Mazie, minha agente. Há muitos anos, a Emory patrocinou um programa de um dia para ajudar um corpo docente a entender como transformar ideias em livros. Pela manhã, participei das mesas-redondas em que agentes e editores explicavam como publicar um livro. Tive a sorte de conseguir uma reunião individual com Bridget à tarde. Estudos sugerem que só é necessário um breve instante para ter percepções confiáveis sobre os outros com base em seu comportamento não verbal. Quinze minutos foram mais do que suficientes para eu decidir que queria Bridget como minha agente. Ainda bem que ela aceitou. Desde então, ela deu à luz três filhos e me ajudou a publicar dois livros. Tenho minhas dúvidas sobre qual dessas duas tarefas foi mais difícil para ela.

Preciso agradecer ainda mais a Bridget por me apresentar a Justin Brouckaert. Justin ajudou a moldar minhas ideias e me orientou sobre como escrever uma proposta clara, persuasiva, sem a qual este livro não existiria.

Então, há Eve Claxton. Pensei muito sobre como descrever nosso tempo juntos, e aqui vai o que consegui elaborar. Quando Edmond Hillary se tornou a primeira pessoa a escalar o monte Everest, ele foi parabenizado por todo mundo por sua conquista. Só que Hillary jamais teria chegado ao topo se não fosse pelo xerpa Tenzing Norgay, que o guiou e o ajudou até lá. Eve foi minha xerpa, me mantendo na linha e oferecendo apoio nos momentos mais necessários. Não tenho como agradecer o suficiente a ela. Como se isso já não bastasse, durante um de nossos encontros por Zoom, ela me apresentou à sua adorável sobrinha de 4 anos, Gloria. Na ocasião, Gloria, vestida de fadinha, acenou sua vara de condão e anunciou que o livro seria um sucesso. Viu como relacionamentos são importantes?

Com tanta ajuda, era de se esperar que eu não encontraria um relacionamento que superaria todos os outros, mas isso seria um erro. A experiência com minha editora, Talia Krohn, mudou minha vida. Não houve um momento em nossa relação em que ela não tenha me apoiado. Ela foi bondosa, instrutiva e incentivadora. Por temer o que ela acharia do que escrevi, me tornei ávido por ler seus feedbacks. Talia sempre me apoiou e nunca falhou em me guiar na direção certa para escrever o livro que eu queria. Em resumo, Talia fez com que escrever *Como criar filhos socialmente saudáveis* se tornasse a experiência acadêmica mais profundamente satisfatória da minha vida.

NOTAS

Introdução

1. Harry Stack Sullivan, *Conceptions of Modern Psychiatry* (Nova York: W. W. Norton, 1953).
2. Stephen Nowicki e Marshall P. Duke, *Helping the Child Who Doesn't Fit In* (Atlanta: Peachtree Publishers, 1992).
3. Daniel Goleman, *Inteligência emocional* (Objetiva, 1996).
4. Jean Twenge, "Have Smartphones Destroyed a Generation?". *The Atlantic*, 15 de setembro de 2017, https://www.theatlantic.com/magazine/archive/2017/09/has-the-smartphone-destroyed-a-generation/534198/.
5. Richard Weissbourd et al., "National Survey of Loneliness — Loneliness in America: How the Pandemic Has Deepened an Epidemic of Loneliness and What to Do About It", Making Caring Common, Harvard Graduate School of Education, President and Fellows of Harvard College, 9 de fevereiro de 2021, https://mcc.gse.harvard.edu/reports/loneliness-in-america.
6. National Survey of Children's Health, 2021, Child and Adolescent Health Measurement Initiative (CAHMI), Data Resource Center for Child and Adolescent Health.
7. Samantha Brooks et al., "The Psychological Impact of Quarantine and How to Reduce It", *Lancet* 395, nº 10227 (26 de fevereiro de 2020): 912–920, https://doi.org/10.1016/S0940-6736(20)30460-8.

COMO CRIAR FILHOS SOCIALMENTE SAUDÁVEIS

8. Joan Hope, "Research Shows Impact of COVID-19 on Students with Disabilities, Other Groups", *Disability Compliance for Higher Education* 27, nº 6 (2021): 9, https://doi.org/10.1002/dhe.31205.

9. Nicole Racine et al., "Global Prevalence of Depressive and Anxiety Symptoms in Children and Adolescents during COVID-19: A Meta-analysis", *JAMA Pediatrics* 175, nº 11 (9 de agosto de 2021): 1142–1150, https://doi.org/10.1001/jamapediatrics.2021.2482.

10. "Covid 19 Pandemic Triggers 25% Increase in Prevalence of Anxiety and Depression Worldwide", Organização Mundial da Saúde, 2 de março de 2022, https://www.who.int/news/item/02-03-2022-covid-19-pandemic-triggers-25-increase-in-prevalence-of-anxiety-and-depression-worldwide.

11. Yan Liu et al., "Associations between Feelings/Behaviors during COVID-19 Pandemic Lockdown and Depression/Anxiety after Lockdown in a Sample of Chinese Children and Adolescents", *Journal of Affective Disorders* 284 (5 de fevereiro de 2021): 98–103, https://doi.org/10.1016/j.jad.2021.02.001.

12. Hope, "Research Shows Impact of COVID-19".

13. Evie Blad, *Educators see gaps in kids' emotional growth due to the pandemic*. Education Week, 24 de fevereiro de 2022.

14. *Social emotional learning: 10 trends in 10 charts*. Resultados de pesquisa nos Estados Unidos. EdWeek Research Center. Novembro, 2022.

15. Twenge, "Have Smart Phones Destroyed a Generation?".

16. Věra Skalická et al., "Screen Time and the Development of Emotion Understanding from Age 4 to Age 8: A Community Study", *British Journal of Developmental Psychology* 37, nº 3 (28 de fevereiro de 2019): 427–443, https://doi.org/10.1111/bjdp.12283.

17. Yalda T. Uhls et al., "Five Days at an Outdoor Education Camp without Screens Improves Preteen Skills with Nonverbal Emotion Cues", *Computers in Human Behavior* 39 (outubro de 2019): 387–392, https://doi.org/10.1016/j.chb.2014.05.036.

NOTAS

Capítulo 1

1. Stephen Nowicki e Marshall P. Duke, *Helping the Child Who Doesn't Fit In* (Atlanta: Peachtree Publishers, 1992).
2. Sarah Z. Cole e Jason S. Lanham, "Failure to Thrive: An Update", *American Family Physician* 83, nº 7 (2011): 829–834.
3. Julianne Holt-Lunstad, "Social Connection as a Public Health Issue: The Evidence and a Systemic Framework for Prioritizing the 'Social' in Social Determinants of Health", *Annual Review of Public Health* (2022): 193–213, https://doi.org/10.1146/annurev-publhealth-052020-110732.
4. Kathleen B. King e Harry T. Reis, "Marriage and Long-Term Survival after Coronary Artery Bypass Grafting", *Health Psychology* 31, nº 1 (2012): 55–62, https://doi.org/10.1037/a0025061.
5. Barry M. Lester et al., *Resilience in Children* (Hoboken, NJ: WileyBlackwell, 2006).
6. Harry S. Sullivan, *Conceptions of Modern Psychiatry*, 2ª ed. (W. W. Norton, 1966).
7. Melissa Faye Greene, "The Left-Out Child", *Family Life*, setembro de 1993, página 104.
8. Sigmund Freud, *The Problem of Anxiety* (Nova York: W. W. Norton, 1936).
9. Sullivan, *Conceptions*.
10. Morten L. Kringelbach et al., "On Cuteness: Unlocking the Parental Brain and Beyond", *Trends in Cognitive Sciences* 20, nº 7 (2016): 545–558, https://doi.org/10.1016/j.tics.2016.05.003.
11. Edward Tronick et al., "Infant Emotions in Normal and Pertubated Interactions", em *Biennial Meeting of the Society for Research in Child Development*, Denver, CO (1975).
12. Albert Mehrabian, *Silent Messages: Implicit Communication of Emotions and Attitudes*, 2ª ed. (Belmont, CA: Wadsworth, 1980).
13. M. D. S. Ainsworth et al., *Patterns of Attachment* (Hillsdale, NJ: Erlbaum, 1978).

14. M. P. Duke e S. Nowicki, "A Social Learning Theory Analysis of Interactional Theory Concepts and a Multi-dimensional Model of Human Interaction Constellations", em *Handbook of Interpersonal Psychotherapy*, ed. J. C. Anchin e D. J. Kiesler (Elmsford, NY: Pergamon, 1982), 78–94; Stephen Nowicki e Marshall P. Duke, *Will I Ever Fit In?* (Atlanta: Peachtree Publishing, 2012); S. Nowicki e A. van Buskirk, "Non-verbal Communication: From Good Endings to Better Beginnings", em *Nonverbal Communication in Close Relationships: What Words Don't Tell Us*, ed. R. Sternberg e A. Kostić (Londres: Palgrave Macmillan, 2022), 277–305.

Capítulo 2

1. Marco Bani et al., "Behind the Mask: Emotion Recognition in Healthcare Students", *Medical Science Educator* 31, n° 4 (2021): 1273–1277, https://doi.org/10.1007/s40670-021-01317-8.
2. Daphne J. Holt et al., "Personal Space Increases during the COVID-19 Pandemic in Response to Real and Virtual Humans", *Frontiers in Psychology* 13 (2022): 952–998, https://doi.org/10.3389/fpsyg.2022.952998.
3. Alison Prato, "Does Body Language Help a TED Talk Go Viral?" *TEDBlog*, 12 de maio de 2015, https://blog.ted.com/body-language-survey-points-to-5-nonverbal-features-that-make-ted-talks-take-off/.
4. Amy J. C. Cuddy et al., "Preparatory Power Posing Affects Nonverbal Presence and Job Interview Performance", *Journal of Applied Psychology* 100, n° 4 (2015): 1286–1295, https://doi.org/10.1037/a0038543.
5. Ray L. Birdwhistell, *Kinesics and Context* (Londres: Allen Lane, The Penguine Press, 1971).
6. Mario Pei, *The Story of Language* (Filadélfia e Nova York: J. B. Lippincott Company, 1949).

NOTAS

7. Paul Watzlawick et al., *Pragmática da comunicação humana: um estudo sobre padrões, patologias e paradoxos da interação* (Cultrix, 1968).

Capítulo 3

1. J. Margraf et al., "Social Rhythm and Mental Health: A CrossCultural Comparison", *PLOS One* 11, nº 3 (2016): 1–17.
2. Alexis Wnuk, "This Is Why You Get Zoom Fatigue", *BrainFacts*, 23 de setembro de 2020.
3. Koen de Reus et al., "Rhythm in Dyadic Interactions", *Philosophical Transactions of the Royal Society B* (2021), https://doi.org/10.1098/rstb.2020.0337.
4. M. Dolsen, J. Wyatt e A. Harvey, "Sleep, Circadian Rhythms, and Risk across Health Domains in Adolescents with an Evening Circadian Preference", *Journal of Clinical Child and Adolescent Psychology* 48, nº 3 (2019): 480–490.
5. C. J. Zampella et al., "Interactional Synchrony and Its Association with Social and Communication Ability in Children with and without Autism Spectrum Disorder", *Journal of Autism and Developmental Disorders* 50, nº 9 (2020): 3195–3206, https://doi.org/10.1007/s10803-020-04412-8, PMID: 32065341, PMCID: PMC7569722.
6. Ken Fujiwara, Masanori Kimura e Ikuo Daibo, "Rhythmic Features of Movement Synchrony for Bonding Individuals in Dyadic Interaction", *Journal of Nonverbal Behavior* 44 (2020): 273–293.
7. Noboru Kobayashi, "The Soothing Effect of the Mother's Heartbeat", Child Research Net, 2003.
8. G. Markova, T. Nguyen e S. Hoehl, "Neurobehavioral Interpersonal Synchrony in Early Development: The Role of Interactional Rhythms", *Frontiers in Psychology* 10 (2019): 2078.
9. David Deming, "Early Childhood Intervention and Life-Cycle Skill Development: Evidence from Head Start", *American Economic*

COMO CRIAR FILHOS SOCIALMENTE SAUDÁVEIS

Journal: Applied Economics 1, nº 3 (2009): 111–134, https://doi. org/10.1257/app.1.3.111.

10. K. Guilmartin e L. M. Levinowitz, *Music and Your Child: A Guide for Parents and Caregivers* (Princeton, NJ: Music Together, 1992); K. Guilmartin e L. M. Levinowitz, *Teaching Music Together* (Princeton, NJ: Music Together, 2003).

11. T. C. Rabinowitch e A. Knafo-Noam, "Synchronous Rhythmic Interaction Enhances Children's Perceived Similarity and Closeness toward Each Other", *PLOS One* 10, nº 4 (2015): e0120878, https:// doi.org/10.1371/journal.pone0120878.

12. William J. Friedman, "Development of Time Concepts in Children", *Advances in Child Development and Behavior* 12 (1978): 267–298, https://doi. org/10.1016/S0065-2407(08)60040-3.

13. Fangbing Qu et al., "Development of Young Children's Time Perception: Effect of Age and Emotional Localization", *Frontiers in Psychology* (2021), https://doi.org/10.3389/fpsyg.2021.688165.

14. Sandra Stojic, Vanja Topic e Zoltan Nadasdy, "Children and Adults Rely on Different Heuristics for Estimation of Durations", *Scientific Reports* 13 (2023).

15. T. Berny et al., "Construction of a Biological Rhythm Assessment Scale for Children", *Trends in Psychiatry and Psychotherapy* 40, nº 1 (2018), https://doi.org/10.1590/2237-6089-2017-0081.

Capítulo 4

1. Morten L. Kringelbach et al., "On Cuteness: Unlocking the Parental Brain and Beyond", *Trends in Cognitive Science* 20, nº 7 (2016): 545–558, https://doi.org/10.1016/j.tics.2016.05.003.

2. Jordon Lite, "Kids' Smiles Predict Their Future Marriage Success: Childhood Photos Reveal Happiness Levels Later in Married Life", *Scientific American*, 1º de setembro de 2009, https://www.scientifica-merican.com/article/kids-smiles-predict-their-future/.

NOTAS

3. LeeAnne Harker e Dacher Keltner, "Expressions of Positive Emotion in Women's College Yearbook Pictures and Their Relationship to Personality and Life Outcomes Across Adulthood", *Journal of Personality and Social Psychology* 80, nº 1 (2001): 112–124, https://doi.org/10.1037/0022-3514.80.1.112.

4. Eric Savitz, "The Untapped Power of Smiling", *Forbes Daily Newsletter*, 22 de março de 2011, https://www.forbes.com/sites/ericsavitz/2011/03/22/the=-untapped-power-of-smiling/?sh-410f68b97a67.

5. Claus-Christian Carbon e Martin Serrano, "The Impact of Face Masks on the Emotional Reading Abilities of Children — a Lesson from a Joint School–University Project", *i-Perception* 12, nº 4 (2021): 1–17, https://doi.org/10.1177/20416695211038265.

6. Marco Bani et al., "Behind the Mask: Emotion Recognition in Healthcare Students", *Medical Science Education* 31, nº 4 (2021): 1273–1277, https://doi.org/10.1007/s40670-021-01317-8.

7. Jennifer M. B. Fugate e Courtny L. Franco, "Implications for Emotion: Using Anatomically Based Facial Coding to Compare Emoji Faces across Platforms", *Frontiers in Psychology* 12 (2021), https://doi.org/10.3389/fpsyg.2021.605928.

8. Jonas Aspelin, "Enhancing Pre-service Teachers' Socio-emotional Competence", *International Journal of Emotional Education* 11, nº 1 (2019): 153–168, https://www.frontiersin.org/articles/10.3389/fpsyg.2021.605928/full.

9. Judy Foreman, "A Conversation with: Paul Ekman; The 43 Facial Muscles That Reveal Even the Most Fleeting Emotions", *The New York Times*, 5 de agosto de 2003, https://www.nytimes.com/2003/08/05/health/conversationwith-paul-ekman-43-facial-muscles-that-reveal--even-most-fleeting.html.

10. Albert Mehrabian, *Silent Messages: Implicit Communication of Emotions and Attitudes*, 2ª ed. (Belmont, CA: Wadsworth, 1980).

COMO CRIAR FILHOS SOCIALMENTE SAUDÁVEIS

11. Pamela M. Cole e Amber E. Jacobs, "From Children's Expressive Control to Emotion Regulation: Looking Back, Looking Ahead", *European Journal of Developmental Psychology* 15, nº 6 (2018): 658–677, https://doi.org/10.1080/17405629.2018.1438888.

12. Elisabet Serrat et al., "Identifying Emotional Expressions: Children's Reasoning About Pretend Emotions of Sadness and Anger", *Frontiers in Psychology* 11 (2020): 1–10, https://doi.org/10.3389/fpsyg.2020.602385.

13. Charles Darwin, *A expressão das emoções no homem e nos animais* (Companhia das Letras, 2009).

14. Rachael E. Jack et al., "Facial Expressions of Emotion Are Not Culturally Universal", *Psychological and Cognitive Sciences* 109, nº 19 (2012): 7241–7244, https://doi.org/10.1073/pnas.1200155109.

15. David Matsumoto, *The SAGE Handbook of Nonverbal Communication* (Thousand Oaks, CA: SAGE Publications, 2006), 219–235, https://doi.org/10.4135/9781412976152.

16. Rachael E. Jack, Roberto Caldara e Philippe G. Schyns, "Internal Representations Reveal Cultural Diversity in Expectations of Facial Expressions of Emotion", *Journal of Experimental Psychology: General* 141, nº 1 (2012): 19–25, https://doi-org/10.1037/a0023463.

17. Denise N. Glanville e Steve Nowicki Jr., "Facial Expression Recognition and Social Competence among African American Elementary School Children: An Examination of Ethnic Differences", *Journal of Black Psychology* 28, nº 4 (2002): 318–329, https://doi.org/10.1177/009579802237540.

18. Amy G. Halberstadt et al., "Preservice Teachers' Racialized Emotion Recognition, Anger Bias, and Hostility Attributions", *Contemporary Educational Psychology* 54 (2018): 125–138, https://doi.org/10.1016/j.cedpsych.2018.06.004.

19. Eleanor J. Gibson e Richard D. Walk, "The 'Visual Cliff'", *Scientific American* 202, nº 4 (1960): 64–71, https://doi.org/10.1038/scientificamerican0460-64.

NOTAS

20. Amy Halberstadt, Susan Denham e Julie Dunsmore, "Affective Social Competence", *Social Development* 10, nº 1 (2001): 79–119.

21. Malinda, Carpenter e Michael Tomasello. "Joint attention and imitative learning in children, chimpanzees and enculturated chimpanzees", *Social Development* nº 4 (1995): 1299-1311.

22. Ludy T. Benjamin e Darryl Bruce, "From Bottle Fed Chimp to Bottlenose Dolphin: A Contemporary Appraisal of Winthrop Kellogg", *The Psychological Record* 32, 1982.

23. Tiffany Field e Tedra Walden, "Production and Discrimination of Facial Expression by Preschool Children", *Child Development* 53, nº 5 (1982): 1299–1311, https://doi.org/10.2307/1129020.

24. Megan E. Harrison et al., "Systematic Review of the Effects of Family Meal Frequency on Psychosocial Outcomes", *Canadian Family Physician*, 61 nº 2 (2015): 96-106.

25. Reginal B. Adams, A. J. Nelson e Devin Purring, "Eye Behavior", em *Nonverbal Communication*, ed. Judith A. Hall e Mark L. Knapp (Berlim/Boston: Walter de Gruyter, 2013, 233–261; Jodi Schulz, "Eye Contact: Don't Make These Mistakes", Michigan State University, Michigan State University Extension, 31 de dezembro de 2012, https://www.canr.msu.edu/news/eye_contact_dont_make_these_mistakes.

26. Hironori Akechi et al., "Attention to Eye Contact in the West and East: Autonomic Responses and Evaluative Ratings", *PLOS One* 8, nº 3 (2013): e59312, https://doi.org/10.1371/journal.pone.0059312.

Capítulo 5

1. Michael Graziano, *The Spaces between Us* (Nova York: Oxford University Press, 2018).

2. Edward T. Hall, *A dimensão oculta* (Francisco Alves, 1976).

3. Agnieszka Sorokowska et al., "Preferred Interpersonal Distances: A Global Comparison", *Journal of Cross-Cultural Psychology* 48, nº 4 (2017), https://doi.org/10.1177/00220221176980309.

COMO CRIAR FILHOS SOCIALMENTE SAUDÁVEIS

4. Marshall Duke e Stephen Nowicki Jr., "A New Measure and Social Learning Model for Interpersonal Distance", *Journal of Experimental Research in Personality* 6 (1972): 1–17.

5. Duke e Nowicki, "A New Measure".

6. Graziano, *Spaces between Us*.

7. Graziano, *Spaces between Us*, 158–159.

8. Daphne J. Holt et al., "Personal Space Increases during the COVID-19 Pandemic in Response to Real and Virtual Humans", *Frontiers in Psychology* 13 (2022), https://doi.org/10.3389/fpsyg.2022.952998.

9. Thomas M. Horner, "Two Methods of Studying Stranger Reactivity in Infants: A Review", *Journal of Child Psychology and Psychiatry* (1980), https://doi.org/10.1111/j.1469-7610.1980.tb01796.

10. Giulia Orioli et al., "Identifying Peripersonal Space Boundaries in Newborns", *Scientific Reports* 9 (2019), http://doi.org/10.1038/s42598 -019-45084-4.

11. Yair Bar-Haim et al., "Attachment in Infancy and Personal Space Regulation in Early Adolescence", *Human Development* 4, nº 1 (2002): 68–83. http://doi.org/10.1080/14616730210123111.

12. Duke e Nowicki, "A New Measure"; F. N. Willis, R. Carlson e D. Reeves, "The Development of Personal Space in Primary School Children", *Journal of Nonverbal Behavior* 3 (1979): 195–204, https://doi.org/10.1007/BF01127363.

Capítulo 6

1. Eric Fishman et al., "Touch Relieves Stress and Pain", *Journal of Behavioral Medicine* 18 (1995): 69–79, https://doi.org/10.1007/BF01857706.

2. Pavel Goldstein et al., "The Role of Touch in Regulating Inter-Partner Physiological Coupling during Empathy for Pain", *Scientific Reports* 7, nº 1 (2017), https://doi.org/10.1038/s41598-017-03627-7.

NOTAS

3. Sheldon Cohen et al., "Does Hugging Provide Stress-Buffering Social Support? A Study of Susceptibility to Upper Respiratory Infection and Illness", *Psychological Science* 26, nº 2 (2014): 135–147, https://doi.org/10.1177%2F0956797614559284.

4. Carissa J. Cascio et al., "Social Touch and Human Development", *Developmental Cognitive Neuroscience* 35 (2019): 5–11, https://doi.org/10.1016/j.dcn.2018.04.009.

5. Cascio et al., "Social Touch", 6.

6. April H. Crusco e Christopher G. Wetzel, "The Midas Touch: The Effects of Interpersonal Touch on Restaurant Tipping", *Personality and Social Psychology Bulletin* 10, nº 4 (1984): 512–517, https://doi.org/10.1177/0146167284104003.

7. Aino Saarinen et al., "Social Touch Experience in Different Contexts: A Review", *Neuroscience and Behavioral Reviews* (2021): 360–372, https://doi.org/10.1016/j.neubiorev.2021.09.027.

8. Harry F. Harlow et al., "Total Social Isolation in Monkeys", *Proceedings of the National Academy of Sciences of the United States of America* 54, nº 1 (1965): 90–97, https://doi.org/10.1073%2Fpnas.54.1.90.

9. Juulia T. Suvilehto et al., "Topography of Social Touching Depends on Emotional Bonds between Humans", *Psychological and Cognitive Sciences* 112, nº 45 (2015): 13811–13816, https://doi.org/10.1073/pnas.1519231112.

10. Disa Bergnehr e Asta Cekaite, "Adult-Initiated Touch and Its Functions at a Swedish Preschool: Controlling, Affectionate, Assisting and Educative Haptic Contact", *International Journal of Early Years Education* 26, nº 3 (2017): 312–333, https://doi.org/10.1080/09669760.2017.1414690.

11. Laura Crucianelli, "The Need to Touch", *Aeon*, 12 de abril de 2020, https://aeon.co/essays/touch-is-a-language-we-cannot-afford-to--forget.

12. David J. Linden, *Touch: The Science of the Hand, Heart, and Mind* (Londres: Viking, 2015).

COMO CRIAR FILHOS SOCIALMENTE SAUDÁVEIS

13. Cascio et al., "Social Touch".
14. Francis McGlone et al., "Discriminative and Affective Touch: Sensing and Feeling", *Neuron* 82, nº 4 (2014): 737–755, https://doi.org/10.1016/j.neuron.2014.05.001.
15. Charles A. Nelson et al., *Romania's Abandoned Children: Deprivation, Brain Deprivation, and the Struggle for Recovery* (Cambridge, MA: Harvard University Press, 2014), 416.
16. Nelson et al., *Romania's Abandoned Children*.
17. Pamela M. Owen e Jonathan Gillentine, "Please Touch the Children: Appropriate Touch in the Primary Classroom", *Early Child Development and Care* 181, nº 6 (2011): 857–868, https://doi.org/10.1080/03004430.2010.497207.

Capítulo 7

1. Michael Kraus, "Voice-Only Communication Enhances Empathic Accuracy", *American Psychologist* 72, nº 7 (2017): 644–654.
2. Leonor Neves et al., "Associations between Vocal Emotion and Socio-emotional Adjustment in Children", *Royal Society Open Science* 8 (2021): https://doi.org/10.1098/rsos.211412.
3. Alexia D. Rothman e Stephen Nowicki, "A Measure of the Ability to Identify Emotion in Children's Tone of Voice", *Journal of Nonverbal Behavior* 28, nº 2 (2004): 67–92, https://doi.org/10.1023/B:JONB.0000023653.13943.31.
4. Bruce J. Morton e Sandra E. Trehub, "Children's Understanding of Emotion in Speech", *Child Development* 72, nº 3 (2001): 834–843.
5. Rebecca Lake, "Listening Statistics: 23 Facts You Need to Hear", *CreditDonkey*, 17 de setembro de 2015.
6. Lake, "Listening Statistics".
7. Simon Leipold et al., "Neural Decoding of Emotional Prosody in Voice-Sensitive Auditory Cortex Predicts Social Communication Abilities in Children", *Cerebral Cortex* (2022): 1–20.

NOTAS

8. Albert Mehrabian, *Silent Messages: Implicit Communication of Emotions and Attitudes* (Belmont, CA: Wadsworth, 1971).

9. Alex B. Van Zant e Jonah Berger, "How the Voice Persuades", *Journal of Personality and Social Psychology* (2019), http://dx.doi.org/10.1037/pspi0000193.

10. Lake, "Listening Statistics".

11. Pasquale Bottalico et al., "Effect of Masks on Speech Intelligibility in Auralized Classrooms", *Journal of the Acoustical Society of America* 148 (2020): 2878–2884, https://doi.org/10.1121/10.0002450.

12. Marco Bani et al., "Behind the Mask: Emotion Recognition in Healthcare Students", Medical Science Educator 31, nº 4 (2021): 1273—1277, https://doi.org/10.1007/s40670-021-01317-8.

13. Michele Morningstar, Joseph Venticinque e Eric C. Nelson, "Differences in Adult and Adolescent Listeners' Ratings of Valence and Arousal in Emotional Prosody", *Cognition and Emotion* 33, nº 7 (2019): 1497–1504.

14. Petri Laukka e Hillary Anger Elfenbein, "Cross-Cultural Emotion Recognition and In-Group Advantage in Vocal Expression: A Meta-analysis", *Emotion Review: Emotion in Voice* 13, nº 1 (2021): 3–11.

15. Tawni B. Stoop et al., "I Know That Voice! Mothers' Voices Influence Children's Perceptions of Emotional Intensity", *Journal of Experimental Child Psychology* 199 (2020): 1–20.

16. Marie-Helene Grosbras, Paddy D. Ross e Pascal Belin, "Categorical Emotion Recognition from Voice Improves during Childhood and Adolescence", *Scientific Reports* 8 (2018).

17. Carlos Hernandez Blasi et al., "Voices as Cues to Children's Need for Caregiving", *Human Nature* 33 (2022): 22–42.

18. J. Bruce Morton e Sandra E. Trehub, "Children's Understanding of Emotion in Speech", *Child Development* 72, nº 3 (2001): 834–843.

19. Neves et al., "Associations between Vocal Emotion".

COMO CRIAR FILHOS SOCIALMENTE SAUDÁVEIS

20. Carolyn Quam e Daniel Swingley, "Development in Children's Interpretation of Pitch Cues in Emotion", *Child Development* 83, n° 1 (2012).

21. W. Quin Yow e Ellen M. Markman, "Bilingualism and Children's Use of Paralinguistic Cues to Interpret Emotion in Speech", *Bilingualism: Language and Cognition* 14, n° 4 (2012): 562–569, https://doi.org/10.1017/S1366728910000404.

22. Koen de Reus et al., "Rhythm in Dyadic Interactions", Philosophical Transactions of the Royal Society B 376, n° 1835 (2021), https://doi.org/10.1098/rstb.2020.0337.

Capítulo 8

1. Maurice Krout, "Further Studies on the Relation of Personality and Gesture. A Nosological Analysis of Autistic Gestures", *Journal of Experimental Psychology* 20, n° 3 (1937): 279–287.

2. Gordon W. Hewes, "The Anthropology of Posture", *Scientific American*, 1° de fevereiro de 1957, https://www.scientificamerican.com/article/the-anthropology-of-posture/.

3. Peter Bull e John P. Doody, "Gesture and Body Movement", em *Nonverbal Communication*, ed. Judith Hall e Mark Knapp (Berlim/Boston: De Gruyter, 2013).

4. Hanneke K. M. Meeren et al., "Rapid Perceptual Integration of Facial Expression and Emotional Body Language", *Proceedings of the National Academy of Sciences of the United States of America* 102, n° 45 (2005): 16518–16523, https://doi.org/10.1073%2Fpnas.0507650102.

5. Marianne Gullberg e Kenneth Holmqvist, "What Speakers Do and What Listeners Look At: Visual Attention to Gestures in Human Interaction Live and on Video", *Pragmatics and Cognition* 14, n° 1 (2006): 53–82, https://doi.org/10.1075/pc.14.1.05gul.

NOTAS

6. Amy J. C. Cuddy et al., "Preparatory Power Posing Affects Nonverbal Presence and Job Interview Performance", *Journal of Applied Psychology* 100, n° 4 (2015): 1286–1295, https://doi.org/10.1037/a0038543.

7. Alison Prato e Vanessa Van Edwards, "Does Body Language Help a TED Talk Go Viral? 5 Nonverbal Patterns from Blockbuster Talks", *TEDBlog*, 12 de maio de 2015, https://blog.ted.com/2015/05/12/body-language -survey-points-to-5-nonverbal-features-that-make--ted-talks-take-off.

8. Allan Pease, "The Power Is in the Palm of Your Hands" (apresentação na Universidade Macquarie, Sydney, Austrália, 11 de fevereiro de 2014).

9. Brittany Blaskovits e Craig Bennell, "Are We Revealing Hidden Aspects of Our Personality When We Walk?". *Journal of Nonverbal Behavior* 43 (2019): 329–356, https://doi.org/10.1007/s10919-019-00302-5.

10. Desmond Morris, *Peoplewatching: The Desmond Morris Guide to Body Language* (Londres: Jonathan Cape, 2002).

11. Roger E. Axtell, *Essential Do's and Taboos: The Complete Guide to International Business and Leisure Travel* (Hoboken, NJ: John Wiley & Sons, 2007).

12. BabySparks, "Baby Gestures: An Important Language Skill", palestra, BabySparks, 16 de fevereiro de 2018, https://babysparks.com/2018/02/16/baby-gestures-an-important-language-skill/.

13. Robert Hepach, Amrisha Vaish e Michael Tomasello. "The Fullfillment of Others' Needs Elevates Childen's Body Posture". *Developmental Psychology* 53, n° 1 (2017): 100-113. http://dx.doi.org/10.1037dev0000173.

Conclusão

1. Daniel Siegel e Mary Hartzell, *Parentalidade consciente: Como o autoconhecimento nos ajuda a criar nossos filhos* (nVersos, 2020).

Este livro foi composto na tipografia Adobe Caslon Pro,
em corpo 12/18, e impresso em
papel off-white no Sistema Cameron da
Divisão Gráfica da Distribuidora Record.